突围
区块链与数字经济

横琴数链数字金融研究院 ◎ 编

当代世界出版社
THE CONTEMPORARY WORLD PRESS

图书在版编目（CIP）数据

突围：区块链与数字经济／横琴数链数字金融研究院编. -- 北京：当代世界出版社，2022.9
ISBN 978-7-5090-1665-7

Ⅰ. ①突… Ⅱ. ①横… Ⅲ. ①区块链技术②信息经济 Ⅳ. ①F713.361.3②F49

中国版本图书馆 CIP 数据核字（2022）第 090358 号

书　　名：	突围：区块链与数字经济
出 品 人：	丁　云
策划编辑：	刘娟娟
责任编辑：	刘娟娟　徐嘉璐
装帧设计：	王昕晔
版式设计：	韩　雪
出版发行：	当代世界出版社
地　　址：	北京市地安门东大街 70-9 号
邮　　编：	100009
邮　　箱：	ddsjchubanshe@163.com
编务电话：	(010) 83907528
发行电话：	(010) 83908410（传真）
	13601274970
	18611107149
	13521909533
经　　销：	新华书店
印　　刷：	北京新华印刷有限公司
开　　本：	880 毫米×1230 毫米　1/32
印　　张：	7.5
字　　数：	148 千字
版　　次：	2022 年 9 月第 1 版
印　　次：	2022 年 9 月第 1 次
书　　号：	ISBN 978-7-5090-1665-7
定　　价：	78.00 元

如发现印装质量问题，请与承印厂联系调换。
版权所有，翻印必究；未经许可，不得转载！

编委及作者名单

主　　编：朱嘉明

执行主编：陈钰什　袁洪哲

作者名单(按题目顺序排列)：

　　　　朱嘉明　段永朝　刘志毅　樊晓娟

　　　　苗光胜　郭　宇　孔剑平　陈钰什

　　　　袁洪哲

在真实世界中，技术是高度可重构的，它们是流动的东西，永远不会完结，永远不会完美。

——布莱恩·阿瑟《技术的本质》

绪言

科技革命浪潮中的区块链演化

当前正处于新一波生产力驱动的经济增长周期到来前的黎明,各类新兴科技成果喷薄而出。如何从区块链视角对其进行解读,是横琴数链数字金融研究院研究团队编著《突围:区块链与数字经济》一书的重要意义所在。

十余年前,区块链既是加密数字货币的产物,又是加密数字货币的支撑,没有区块链,加密数字货币的大厦势必倾覆。但是,认为区块链的生命力取决于加密数字货币,被后来的事实证明是一种误解。虽然区块链很可能尚处于发展的早期阶段,但是,区块链已经形成了一个具有内在生命力的科技体系和制度体系,造就了一种去中心化的范式革命,影响了数字技术结构。一方面,区块链的应用范围不断得到拓展,已经并正在和不同的行业和产业结合,形成区块链产业链,影响数字经济发展;另一方面,区块链持续吸纳科技革命的成果,推动区块链自身创新。

所以,正确认知区块链,需要避免将区块链庸俗化和实用主义化,需要以更为开阔的历史视野,以科学和专业的尺度认知区块链现阶段的局限性、区块链的潜在价值和未来的演进方向。

一、以未来主义的视角，理解区块链的演进

在过去的十余年间，区块链的演进和数字经济的可持续发展形成互动，主要集中在以下几个方面：

1. 区块链和交易体系。区块链的第一个阶段是以比特币为代表的交易体系建立。区块链的历史可以追溯到 2008 年 10 月中本聪发表比特币白皮书《比特币：一种点对点式的电子现金系统》，预示着比特币作为区块链技术的第一个应用诞生。中本聪在白皮书中将比特币看作是一种点对点电子交易系统。中本聪曾在比特币的"创世区块"中留下 50 个比特币和当天《泰晤士报》的头版文章标题："泰晤士报 2009 年 1 月 3 日，财政大臣即将对银行实施第二轮紧急援助。"由此可见比特币诞生背后的思想根源，即对现有金融系统和政治系统的不满。当时的区块链生态系统仅局限于少数技术人员和开发人员中，于 2019 年 11 月上线的 Bitcoin Talk 论坛是区块链开发人员的主要交流场所，但是即使是这些技术人员自己对区块链也只有粗浅了解。自比特币作为区块链首个应用诞生以来，很多以交易为核心的应用纷纷涌现，而所有这些应用都是基于数字账本技术的原理和功能。

2. 区块链和智能合约。2013 年，智能合约诞生，区块链实现核心技术突破，由此进入了一个新的时代。为了克服比特币的局限性，以太坊创始人 Vitalik Buterin 开始研究可扩展的区块链系

统,即除了具备点对点通信功能之外,还可以执行其他功能。2013年,以太坊随之诞生,这是区块链历史上里程碑式的事件。以太坊是图灵完备的区块链网络,与比特币相比具有更多功能。例如,以太坊允许人们在区块链上记录信息和合同等其他数字资产。2014年4月,以太坊的联合创始人、Polkadot的创建者Gavin Wood发布以太坊黄皮书《以太坊:一个安全的去中心化的通用交易账本》,提出以太坊除了是加密货币外,还是一个去中心化应用程序(DApp)平台。2015年,以太坊区块链正式推出。由于能够支持用于执行各种功能的智能合约,以太坊区块链现已发展成为最大的区块链技术应用之一,也是迄今最为活跃的开发者社区。可以说,以太坊已经构建了一个真正的生态系统。

3. 区块链和DAO。2016年5月,随着去中心化自治组织(DAO)概念的出现,The DAO作为第一个去中心化自治组织项目正式成立,其本质上是一个基于以太坊区块链的风险投资基金,也是当时规模最大的众筹项目。然而,The DAO在启动后一个月就遭到黑客的入侵,其资产的三分之一被窃取。该事件也导致了在以太坊中出现了硬分叉,形成新的分叉链以太坊(ETH)和原链以太经典(ETC)。但是,DAO的理念却一直与区块链相连,也使得区块链具备更多支持组织形态成长的意义。

目前,DAO的治理主要分为链上治理(on-chain)和链下治理(off-chain)。链上治理是通过智能合约实现去中心化的决策执行,参与者的投票结果将直接影响智能合约,并不受任何主体影响。执行投票的目的是批准或拒绝对系统状态的更改。每种投票类型都由智能合约管理，提案合约是通过编程的方式写入一个或多个有效治理行为的智能合约，任意以太坊地址都可以部署。通证持有人以投票形式决定是否执行提案，投票通过后自动执行提案程序。链下治理指的是社区通过链下方式实现治理和结果执行，一般通过各类工具的使用，实现社区与开发团队的权利制衡。链下治理并没有完全实现"代码即法律"，而是通过工具辅助、信息公开、核心成员的声誉，以及通证持有人的"用脚投票"（即随时可以将投资转移到其他项目）实现制约。项目在初期往往会采取链下治理，决策的集中会给项目发展更大的灵活性。随着项目趋向成熟与功能稳定，项目会转向完全去中心化的链上治理，真正实现代码约束下的自治。

4. 区块链和NFT。非同质化通证（NFT）是2021年区块链领域最大的创新之一。2021年3月，一张JPG图片作品通过NFT的形式在佳士得拍卖会上以破纪录的6900万美元价格售出，一时引发全世界对NFT的关注。事实上，在回答区块链的未来有哪些是确定的这一问题时，NFT是关键亮点之一。原因显而易见，NFT是存在的一种表达。现实世界的非同质化现象俯拾皆是。每一个人都有其独特的生命进程。甚至可以说，每一个生命都是一个非同质化的行为艺术。所以，存在就是非同质化的"集合"。正如在拍卖会上以巨大价格出售的NFT艺术品一样，这些艺术品向世界介绍了区块链上独特的数字存在。同时，NFT在音乐界也发现了一些有前景的应用案例。许多著名的艺术家，如 Grimes、Kings of Leon 和 Shawn Mendes 已经将他们的曲目作为 NFT 发布。在艺术领域之外 NFT 也有大量应用实例。例如，苏格兰知名醇酒集团格兰父子（William Grant and Son）出售了 15 瓶藏窖长达 46 年的 Glenfiddich 威士忌 NFT，每瓶酒的来源均可被验证。NFT 在游戏中的应用已经形成了一个新的经济现象——边玩边赚（play-to-earn），如 Axie Infinity（见图 1）。NFT 游戏允许玩家"饲养"自己的 NFT 生物 Axies，并可用它与其他玩家进行战斗，若竞技成功便可获取游戏资产奖励。目前，在 Axie Infinity 上有大约 30 万活跃玩家，这反映出 NFT 不仅仅是数字藏品，更是经济体系中不可缺少的一环。

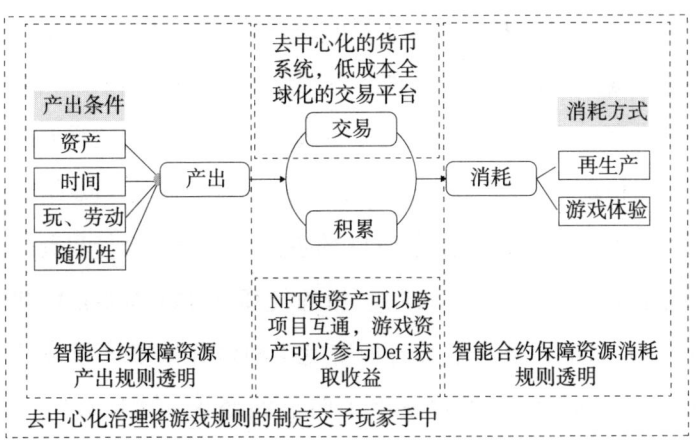

资料来源：国盛证券研究所。

图 1　Axie Infinity 游戏机制

在新冠肺炎疫情大流行期间，菲律宾不少失业者使用 Axie Infinity 进行 NFT 交易，赚取日常开销。NFT 在时尚领域的应用也将是区块链未来应用实例中的关键亮点之一。耐克和 Dolce & Gabbana 等著名品牌已经相继推出首款 NFT 运动鞋和服饰。我们可以预期，NFT 在元宇宙中的作用将会变得更加突出。

5. 区块链和 Defi 。虽然 NFT 在 2021 年很火热，但主要是以个人投资者为主，而机构投资者更感兴趣的是去中心化金融（DeFi）。机构投资者曾一度对 DeFi 的投资机会持怀疑态度，但是目前已经认识到 Web3.0 及由 DeFi 驱动的相关金融工具的增长是大势所趋。根据区块链数据平台 Chainalysis 的数据，机构在 2021 年第二季度主导了 DeFi 交易。大型机构交易，也就是 1000 万美元以上的交易，占这一时期所有 DeFi 交易的 60% 以上。DeFi 对机构的部分吸引力在于，在当前通货膨胀加剧的背景下，与传统金融工具的收益相比，这种新范例可提供更高的收益。2021 年是机构投资 DeFi 创纪录的一年，无论是美国货币监理署允许美国银行使用稳定币结算，还是世界最大的支付处理商 Visa 结算第一笔加密货币交易，都标志着 DeFi 的主流化。投资银行和资产管理公司包括贝莱德（BlackRock）、纽约梅隆（BNY Mellon）和高盛（Goldman Sachs）都开始重启加密货币柜台并恢复该领域的相关业务。零售银行的态度也发生了明显的变化：从称数字货币为"欺诈"，到向客户提供数字资产的托管服务。2021 年，摩根大通、花旗银行、美国银行等都开始成立旗下数字资产部门，为客户提供比特币等加密货币投资和托管服务。根据 Messari 的报告，高达 90% 的加密货币最大交易发生在 2021 年，而这 90% 甚至不包括 Coinbase 的直接上市，该交易所的加密货币在 2021 年估值接近 860 亿美元。目前，DeFi 的代表 MetaMask 钱包已经允许 17 000 多个 DeFi 协议和应用进行互动。这种现象值得关注。

6. 区块链和元宇宙。融合了区块链技术的元宇宙获得了主流关注。新一代区块链应运而生，其重点是通过不同的协议、技术和框架来解决困扰区块链发展的问题。可扩展性、互操作性、适应性、可持续性、私密性，以及即时交易是新一代区块链与之前版本的主要不同。

如果说 2021 年是元宇宙元年，那么 2022 年区块链技术的发展将使元宇宙爆发成为可能。许多年来，我们只在科幻小说中进行着对虚拟世界的想象，正是元宇宙将一个虚幻的科幻概念变成现实。从历史的视角来看，元宇宙的出现正当其时，元宇宙包容一切的功能将创造可持续增长的新模式。元宇宙参与者可以通过使用数字化身与不同的元宇宙空间进行互动。这些化身可以通过彼此互动的方式，创造前所未有的体验、物体和景观。科技巨头，如脸书、微软、Epic Games，都对元宇宙表现出浓厚的兴趣。在元宇宙的设计中，一个重要的方面是实现去中心化，这不仅仅体现了人与人之间平等的关系，更重要的是包含了更多的人与机器、机器与机器的交互，区块链使元宇宙的制度性和安全性迈上一个新的台阶，确保了用户的治理权限与数据的可验证性、可追溯性。最重要的是，区块链的使用还赋予了元宇宙更丰富的治理规则和经济机制。图2显示了元宇宙的金融机构转型路径。

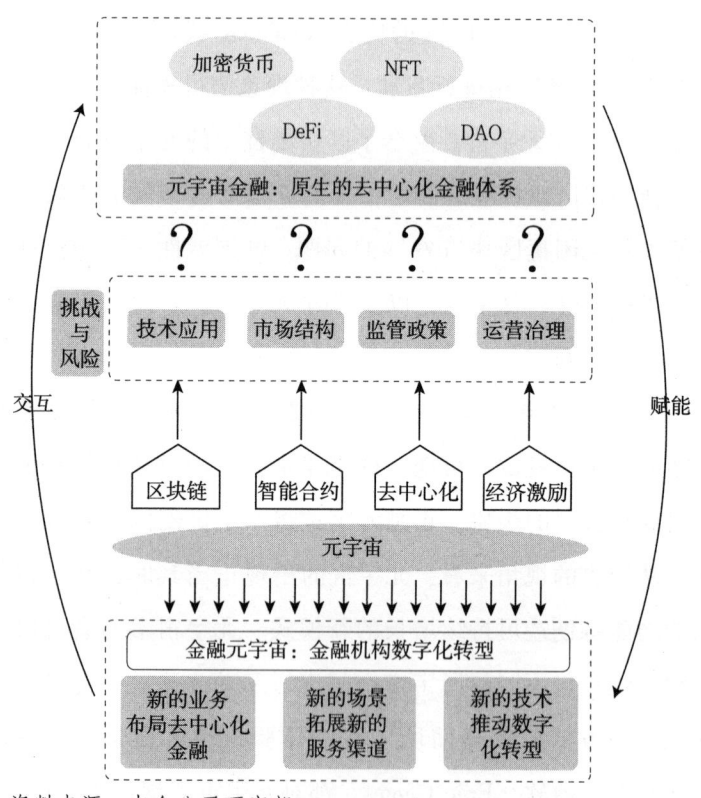

资料来源：中金公司研究部。

图2　元宇宙金融机构转型

7. 区块链和Web3.0。与元宇宙概念一起兴起的概念还有Web3.0。Web3.0是2021年以来人们关于下一代互联网的热点讨论话题。我们认为Web3.0将是元宇宙重要的底层网络架构。Web3.0最早被翻译为第三代互联网,是相对于Web2.0和Web1.0的一个互联网概念。当前,Web3.0并没有一个规范的、被普遍接受的定义。在区块链技术没有诞生之前,Web3.0通常指"语义网"(Semantic Web),由万维网之父蒂姆·伯纳斯·李提出,是指一个集成的通信框架,互联网数据可以跨越各个应用和系统实现机器可读,也被认为是Web3.0的重要特征。2014年,Gavin Wood重新定义了Web3.0的概念,认为区块链技术将是Web3.0的底层技术,Web3.0的主要核心思想是将数据及数字

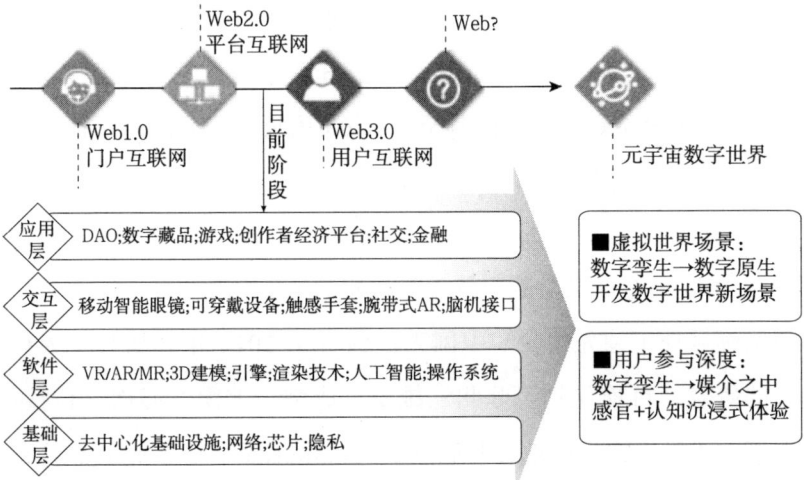

资料来源:甲子光年智库《Web3.0市场生态研究报告》,中金公司研究部。

图3 互联网的演进

资产所有权交还给参与生态、使用平台的用户，而不是由互联网平台或者控制互联网平台的少数公司拥有，人们可以基于无须信任的交互系统在各方之间实现基于机器信任的交互模式。区块链加速了Web3.0的发展，值得期待的是，Web3.0将高度强调去中心化的应用，并将利用机器学习和人工智能推动更多的智能化和适应性应用落地。图3显示了Web3.0的演进脉络。

8. 区块链和央行数字货币。几年前，采用区块链解决方案应用于央行数字货币（CBDC）似乎不切实际，随着区块链在可扩展性、互操作性和私密性方面的进步，更多的央行数字货币采用了分布式账本的框架。2022年2月，国际货币基金组织（IMF）发布报告认为，目前有近百个国家和地区正在研究CBDC。根据国际清算银行（BIS）的数据，目前有3种正式上线的零售CBDC和至少28个试点项目，同时至少有68家央行公开披露了他们在CBDC方面的情况。目前，已经有超过80%的央行已经推出或正在考虑推出零售型或批发型央行数字货币。根据普华永道发布的2022年度《全球央行数字货币指数报告》，我国在央行数字货币研发领域处于领先地位。中国人民银行于2014年开始数字人民币的研发，目前深圳、苏州、雄安、成都、上海、海南、长沙、西安、青岛、大连多地已开展数字人民币试点，基本涵盖了长三角、珠三角、京津冀、中部、西部、东北、西北等不同地区。截至2021年12月31日，数字人民币试点场景已超过808.51万个，累计开立个人钱包2.61亿个，交易金额达875.65亿元，数字人民币也成为2022年冬奥会期间奥运场馆接受的三种支付方式之一。2022年2月，印度财政部长承诺在今年晚些时候推出虚拟版本的卢比；2022年3月，菲律宾宣布在本国开展CBDC试点；此外，美国政府也在2022年3月将CBDC的设计和部署工作列为"最高紧急级别"，希望本国监管部门在2022年9月之前提交一份关于CBDC影响的评估研究报告。由此可见，央行数字货币也成为区块链突围的重要方向之一。

9. 区块链和双碳目标。区块链的可持续性成为人们日益关注的话题，越来越多的区块链项目开始专注环境友好型的区块链网络。区块链也可以作为技术体系服务于双碳目标。作为碳市场的基础，碳核查数据的不准确直接影响科学决策的出台，屡禁不止的数据造假行为正在影响碳市场的公平性，不利于双碳目标达成。达成双碳目标需要技术与制度的共同作用。在技术方面，可以通过区块链与物联网、遥感技术等采集技术结合，一方面解决碳排放数据生成的真实性问题，另一方面确保碳排放数据在传输过程中可以实现在控排方、监管方和核查方三方留存，并可基于区块链数据不可篡改的特性，防止共谋的情况发生。通过对链上及链下数据进行管理和交叉验证，可以更有效确保数据的真实性。在制度方面，控排机构可以在报告的过程中，根据智能合约将核心数据自动写入，核查方可以避免控排方的数据篡改，也明确了责任机制。此外，可根据多方隐私计算等隐私保护方面技术，在保护企业利益的同时进行碳排放信息的有效披露。总之，区块链的突围需要对双碳目标起到更多推动性作用。

10. 区块链和再生金融的运动（ReFi）。ReFi 的理念来源于环境经济学中对外部性的解释理论，ReFi 试图创造一个可再生的经济体系，通过构建一套基于区块链的激励机制来实现自然资本的价值化，进而解决碳排放等环境问题。当前，具有一定影响力的 ReFi 项目组织包括 KlimaDAO、Toucan、Celo。值得关注的是，以 Ark Invest 为代表的对冲基金要求其管理的区块链以更环保的模式运营，从而对因为区块链运营而出现的可再生能源进行更多投资。由此可见，ReFi 提供了一类"第三条道路"，既不指望政府解决所有问题，也不指望自由市场资本主义会将多个利益相关者纳入公司治理，重新关注可持续发展。未来，越来越多的资产管理人会参与生态友好型区块链网络，采用以环境、社会和公司治理（ESG）为主题的资产管理模式同样会引导区块链为双碳目标服务。

二、区块链的产业价值和制度性意义

区块链作为一项综合了制度设计、硬件制造、算法设计的集成技术，不仅对传统产业和数字经济产业发展具有长久的和革命性的作用，而且可以对现存以工业革命为基础的经济制度产生影响，甚至是变革性的影响。

1. 区块链的产业价值。区块链的进一步产业化发展有赖于存储成本的下降、算力和带宽供应的提升，在不同层面上要求技术前沿的不断突破和拓展。同时，正如前文所探讨的外生性风险，其他学科和技术的突破也会对区块链的应用产生结构性和系统性的影响。

区块链对于行业的影响日渐显著。在福布斯发布的区块链50榜单上，不乏微软与沃尔玛这样信息通讯与零售等传统行业巨头的身影。亚洲公司，包括印度的信息技术咨询公司Tech Mahindra等，也在迎头赶上。韩国的三星和Kakao，以及日本公司富士通和Line公司，参与组建了这支不断壮大的亚洲队伍。据报道，蚂蚁金服拥有1万名区块链开发人员，帮助国际买家与提供短期贸易融资的国际银行和600万中国出口商建立联系；腾讯则与海南、广东、北京等十个省市的主要城市合作，利用其区块链平台发行医疗和交通的电子账单，这也体现了我国对于区块链行业的政策重视。

目前仍处在早期阶段的区块链行业应用首先集中在金融领域，其次在包括硬件、软件、社交媒体、互联网在内的技术领域，再次是用以改善供应链、制造业和医疗保健的流程。有机构估计，2026年全球区块链行业将达到600亿美元的规模。

2. 区块链的产业价值和制度性意义。从理论和技术层面上说，Web3.0背景下的区块链具备五种意义上的未来变革。

第一，区块链可以重构经济基础。通过区块链重构产业链、供应链、价值链和资金链，通过Web3.0的技术手段以数字资产和数字资本的方式，实现价值的交易和传递，完成传统经济向数字经济的转型。

第二，区块链可以重构社会基础。以可编程社会为基础，以区块链作为"信任机器"驱动力，可以建立一种以 DAO 为代表的新的组织关系，通过建立技术机器信任的去中心化治理体系（decentralized governance）构建去中心化的社会关系（decentralized society）。

第三，区块链可以重构个体身份基础。其中，涉及社会成员的数字身份和信任计算构造出个体与个体基于技术支持的新型信任体系。最近被提出的新型代币种类 SBT（Soulbound Token）是在原有去中心化数字身份（decentralized digital identity）基础上的创新，有希望通过打造一套身份认证体系来改革区块链的信任机制，大大改善区块链的可用性与易用性，拓展区块链的应用场景，并取得区块链安全创新。

第四，区块链可以重构法律基础。通过解决司法电子证据的生成、存储、传输、提取的全链路可信问题，区块链对于法律的意义不仅使法律制度代码化，更从深层上倒逼数字经济下的行为规范和空间治理方式的跃升。

第五，区块链可以重构知识基础。去中心化科学运动（DeSci）是由一名认知生物学家 Sarah Hamburg 发起，希望解决知识获取和开放性问题、科研经费获取以及学术评价体系等重要问题。DeSci 有望将知识从孤岛中解救出来，消除人们对高度趋利的中介机构的依赖，利用 DeFi 等工具解决科研经费问题，以及增强知识的流动和各行各业之间的合作。

第六,区块链可以重构世界游戏规则。长期以来,在传统地缘政治根深蒂固的影响下,国际政治的主导规则是"零和博弈"。通过区块链提供的技术制度框架,以及区块链和互联网Web3.0结合的新生态,国际政治的主导规则可以向"正和博弈"转化,这是科技迭代与社会变迁的自然选择结果。当越来越多的新理念和新技术被引入区块链当中并与区块链融合与交互,区块链作为数字经济的重要基础设施必定会实现突围。

三、区块链面临的风险挑战和风险管理

2021年是区块链发展的另一个起点。在这一年,比特币的市场价值首次超过1万亿美元,NFT交易额猛增210倍达到176亿美元,Web3.0概念兴起和DeFi普及,萨尔瓦多成为第一个采用比特币作为法定货币的国家,特斯拉购买了15亿美元的比特币,成为第一个接受比特币作为汽车支付方式的汽车制造商,中国央行数字货币应用场景超过808.51万个。

区块链技术在演进过程中伴随着多重风险与挑战。其内生性风险包括共识协议分歧、没有相对统一和稳定的标准体系所导致的互操作性缺陷、元数据泄露、加密货币体系中的币值波动,以及对环境、社会和治理(ESG)目标助益不多;而外生性风险包括了相关技术演进导致的安全性挑战、法律法规的不确定性。

1. 区块链的内生性风险。共识协议分歧是显著的风险来源。

区块链框架中的价值转移通过使用加密协议来实现，该协议在参与者节点之间达成共识，以更新区块链账本。每个这样的协议都必须在框架、用例和网络参与者要求的背景下进行评估。例如，实用的拜占庭容错算法要求各方就参与者的确切名单达成一致，系统中的成员资格由中央机构或封闭式谈判来设定。在权益证明共识协议中，区块生成者有可能为多个区块链历史投票，可能导致共识永远无法解决，因此，账本将无法完成价值转移。

与此相关的另一风险来自当前区块链生态中的互操作性缺陷。互操作性反映了不同区块链平台协同工作的能力，是构建直观、可扩展和集成的Web3.0的基本前提条件。尽管不断的创新使得新颖的区块链互操作性技术很难被归类，但最近的研究表明，该领域主要包括3种方法：公共连接器（public connector）、区块链的区块链（blockchain of blockchains）和混合连接器（hybrid connector）。

公共连接器包括侧链（通过Polygon等双向桥连接到主链的独立区块链）、公证系统（如集中式和分布式交易所）和哈希时间锁定合约（如比特币的闪电网络）。公共连接器虽然有价值，但其连接多个网络的能力是有限的。区块链的区块链包括0层协议，如Cosmos和Polkadot。例如，Cosmos将Cosmos Zones（独立区块链）连接到Cosmos Hub，创建了一个可互操作的主权链生态系统，用于托管分布式应用、第一层以太坊虚拟机、市场和基础设施。虽然具有高度的可扩展性和去中心化，但Cosmos和

Polkadot 需要外部基础设施来与其他区块链进行通信。最后，混合连接器是新兴的解决方案，主要关注公共和私人区块链之间的互操作性，如 Hyperledger Cactus 和 Overledger。不幸的是，这些解决方案因缺乏向后兼容性和对硬分叉的支持等问题而受到阻碍。在 2022 年 6 月的一次会议上，Vitalik Buterin 提出，以太坊向权益证明共识的转换可能最早在 2022 年 8 月实现，届时将可能大大改变围绕可扩展性和多链互操作性的区块链现状。

作为加密学支撑的技术，区块链却并不在技术上保证信息安全，而元数据泄露就是其中一项显著威胁。共识协议要求框架中的所有参与者都能查看附加到账本上的交易。虽然许可网络中的交易可以以混淆加密的格式存储，以便不泄露内容，但某些元数据将始终提供给网络参与者。监测元数据可以揭示活动类型的信息，以及与区块链框架上任何公共地址的活动相关的任何参与节点的数量。这不仅仅事关保护用户身份的问题，若没有强大的元数据隐私，基本服务就会被破坏。若 IP 地址暴露，一个区块链就无法产生新的区块，因为矿工和验证者不断受到拒绝服务的攻击。如果在基础设施层面没有强有力的隐私保护，Web3.0 的基础将建立在一盘散沙上。

同时，虽然区块链技术提供交易安全，但它不提供账户或钱包安全。分布式数据库和加密密封的账本可以防止任何数据的损坏。然而，存储在任何账户中的价值仍然很容易被账户接管。此外，如果一个恶意行为者在一段时间内接管了 51% 的网络节点，特别是在一个封闭的非公链框架内，区块链网络存在网络安全风险。

当为Web3.0经济生态助力的加密货币体系中的币值波动剧烈时，加密货币原有优势会被抵消。例如，加密货币作为财富投资手段的吸引力正在降低。以比特币为例，在其令人振奋的早期，比特币与股票和商品的相关性几乎为零，为真正的投资组合多样化提供了潜力。然而，随着加密货币投资成为主流，特别是自2020年以来，比特币与美国股票和债券的相关性急剧飙升，并持续保持正值。如果比特币提供可观的风险调整回报作为补偿，这可能是积极的，但自2018年以来，与股票和债券相比，比特币的风险调整回报率一直很不显眼。

尽管被炒作为数字黄金，加密货币在面对实际的市场波动或发达国家经济体第一次真正的严重通货膨胀时，既没有承担起"安全避风港"职能，也没有表现出抗通胀的特性。如图4所示，在2010—2022年期间，比特币记录了27次25%或以上的下跌。相比之下，股票和商品只记录了一次。即使在2020年3月与疫情有关的市场大跌中，比特币遭受的跌幅也比股票或债券等传统资产类别大得多。同样，虽然比特币的固定供应可能意味着对货币贬值的抵制，但在最近全球通胀上升的情况下，比特币仅提供了有限的通胀保护，即使在美国、英国和欧洲的通胀飙升时，价格也在下跌。

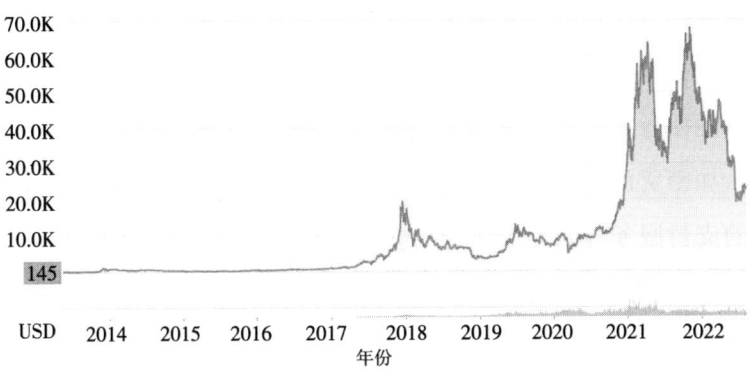

资料来源：CoinMarketCap。

图4　2010—2022年8月比特币价格波动情况

尼尔·斯蒂芬森在接受记者采访时说："我担心的事情与区块链和元宇宙没有直接关系。我主要担心的是气候变化和社会分裂，因为人们不再认同一个共同的现实。"从ESG的角度来看，区块链与加密货币仍然存在很大问题。即使基于区块链的软件平台以太坊率先从工作证明过渡到权益证明，减少了支撑加密货币开采和验证的大量能源消耗，也是如此。在环境方面，占目前加密货币市值40%以上的比特币单笔交易需要的能源足以为普通美国家庭供电两个月。随着区块链技术的不断发展，碳排放水平持续增加的隐患也随之而来。在我国，发改委已将矿机定性为落后淘汰类产业。数字艺术家和工程师Memo Atken在题为"加密艺术的不合理生态成本"一文中提出，由于NFT在区块链上要被多次铸造和交换，任何一次NFT的处理都比一笔以太坊普通交易的成本多得多。目前一次以太坊交易的耗电量约为 35 千瓦时,相当于发达国家单人三天的用电量。

在社会方面,加密货币对金融包容性的承诺似乎也被夸大了。加密货币财富与传统财富一样分布不均,而且简单的基于电话的支付服务,如肯尼亚 M-Pesa 或孟加拉乡村银行的国际汇款试点,已经为银行服务不足的家庭提供了一个数字平台——对新货币或支付基础设施没有需求。

然而,对于 ESG 投资者来说,最令人不安的是加密货币的治理问题,其去中心化的框架和匿名性使其对非法活动、洗钱和逃避政府管制特别有吸引力。市场操纵是另一个令人担忧的治理领域,特别是名人对加密货币的影响——名人会让市场价格飙升或暴跌而不受惩罚。

2. 区块链的外生性风险。加密货币首要的外生性风险来自量子计算的挑战。量子计算机威胁着经典的公钥密码学区块链技术,因为前者可以打破椭圆曲线密码学的计算安全假设,同时还会削弱保护区块链秘密的哈希函数算法的安全性。

在区块链市场上,最早的量子安全技术将用于保护数据免受量子计算资源成熟后所遭受的攻击。当前,应对数据盗窃需要采取先发制人的行动,而区块链的量子威胁意味着这一领域的商业机会正在浮现。表 1 展示了量子计算的五种技术路径。

表1 量子计算的五种技术路径

技术名称	原理	采用公司和优缺点
超导回路 (superconducting loops)	一股无电阻电流沿电流回路(circuit loop)来回振荡,注入的微波信号使电流兴奋,让它进入叠加态(superposition state)。 持续时间:0.00005秒 逻辑成功率:99.4% 纠缠数量:9	谷歌、IBM、Quantum Circuits 优点:快速奏效,能够利用现有工业基础设施 缺点:易崩溃,必须保持低温
囚禁离子	离子的量子能取决于电子的位置。使用精心调整的激光可以冷却并困住这些离子,使他们进入叠加态。 持续时间:大于1000秒 逻辑成功率:99.9% 纠缠数量:14	ionQ 优点:很稳定,最好的逻辑门保真度 缺点:运转慢,需要很多激光
硅量子点 (silicon quantum dots)	通过向纯硅加入电子,科学们造出了这种人造原子。微波控制着电子的量子态。 持续时间:0.03秒 逻辑成功率:约99% 纠缠数量:2	英特尔 优点:稳定,能够利用现有工业基础设施 缺点:纠缠数量少,须保持低温

续表

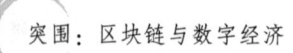

技术名称	原理	采用公司和优缺点
拓扑量子比特 (topoiogical qubits)	电子通过半导体结构时会出现准粒子(quasiparticle),他们的交叉路径可以用来编写量子信息。 持续时间:未知 逻辑成功率:未知 纠缠数量:未知	微软、贝尔实验室 优点:大幅降低错误 缺点:其存在与否仍需验证
钻石空位 (diamond vacancies)	一个氮原子和一个空位(a vacancy),为金刚石晶格(lattice)加入电子。它的量子旋转状态和邻近碳原子核,可以被光控制。 持续时间:10秒 逻辑成功率:99.2% 纠缠数量:6	Quantum Diamond Technologies 优点:可以在室温运行 缺点:极难进行纠缠

资料来源:科技报橘。

挖矿是区块链容易受到量子攻击的一个具体领域。作为证明新交易和保持区块链活动的共识过程,挖矿的一项风险是,使用量子计算机的矿工可以发起51%的攻击,从而破坏网络的哈希能力。

最后,缺乏明确和统一的加密货币监管给长期投资者带来了巨大的不确定性。例如,在美国,仍然不清楚加密货币何时属于受证券交易委员会监管的证券的监管框架，何时被视为像比特币和以太坊所声称的资产或商品。监管机构还对支持加密货币开采和交易的基础设施出现明显和反复的故障感到担忧，而这也是另一个仍然存在重大监管不确定性的领域。

不可否认的是，势头、零售投机和"害怕错过"(fear of missing out)可能继续推动比特币、以太坊和其他加密货币的短期价格上涨。但是，加密货币的地平线上乌云密集，长期投资者可能想从旁仔细观察，以弄清楚哪些是真正的价值，而哪些是社交媒体的炒作，然后再决定如何、在哪里以及是否投资加密货币生态系统。

3. 区块链风险管理。这些区块链的内生性风险和外生性风险表明，区块链的风险控制需求愈加迫切。例如，根据区块链分析公司 Elliptic 发布的最新报告，仅仅 2021 年 7 月至 2022 年 7 月期间被盗的 NFT 总价值超过 1 亿美元，平均每个骗局可赚取 300 000 美元。在单个被盗的 NFT 中，获利最高的是 CryptoPunk #4324，该 NFT 为欺诈者带来了 490 000 美元的净收入。此外，报告显示，加密货币混币器 Tornado Cash 在 NFT 市场已处理价值 1.376 亿美元加密资产，在 2022 年 8 月被美国财政部海外资产控制办公室（OFAC）制裁之前，52% 的 NFT 骗局通过 Tornado Cash 处理资金，是 NFT 骗局首选洗钱工具。此类事件证明，面对愈加严重的外部风险，区块链风险管理体系的建立成为当务之急。在区块链风险管理体系中，区块链开发者针对主流区块链设计出各类新方

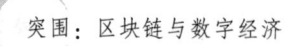

案，包含对于区块链项目方案与技术设计的尽职调查与风险评估、对于参与其中的第三方活动需要遵循的一定原则和标准，从而建立起具有明确职责范围和汇报流程的强健风险管理体系，从根本上弥补区块链设计所导致的缺陷。

总之，区块链正在进入加速创新阶段，区块链行业通过在争议较低的领域试水，促进生产效率提升。同时，各主要经济体的监管机构也在密切关注区块链行业的发展，在区块链金融领域引入"监管沙盒"，有助于区块链与更广泛的金融场景相融合。

为了应对量子时代的到来，需要低成本的信息理论安全（information-theoretically secure）解决方案，即时加强区块链中使用的标准化加密系统。目前，专家已经开始讨论基于量子随机数生成器（quantum random number generator）和量子密钥分配（quantum key distribution）的量子赋能区块链架构，即允许整个区块链或区块链功能的某些方面在量子计算环境中运行。

四、本书框架、内容和逻辑

《突围：区块链与数字经济》一书在以下几个方面做了原创性的努力：

1. 阐明传统经济与数字经济间存在"严重的不均衡"。数字经济对经济增长的贡献与日俱增，同时其技术体系得益于信息与通讯技术（ICT）所带来的完善。数字经济所将面临的大爆发将改变全球经济资源的面貌，元宇宙会是承载数字经济时代下颠覆性创新的场所。同时，全球化正在被数字经济所解构与重塑，形成新形态的国际竞争。如此，存在由经济、社会和政治、科技三者构成的新互动关系，即"三向运动"。

2. 指出区块链是"汇聚技术"的典范。人们可以从信任、共识到知足社会3个维度解读出区块链的社会意义。区块链建立起从多次重复博弈到陌生人达成信任的转化，将共识问题转化为计算问题，将生产与消费的串行错位分配重构为并发即时分配，使得我们向社会公平又近了一步。

3. 揭示区块链引发时代性启蒙。本书将区块链引发的启蒙分为商业性启蒙、经济秩序启蒙和制度契约启蒙。区块链以去中心化的方式剔除了信息传播的多余中介，构建了"一种基于使用权的数字经济生态技术基础"，成为"区块链商业变革的核心"。数字经济学通过区块链关注"自私个体的工具理性"和"个体行为下的互利协作机制"，重塑了经济学研究的学术体系，认为"使用而非拥有"是数字经济的本质，丰富了数字经济学的价值理论。

4. 总结区块链和法律变革。本书认为区块链带来了去中心化组织结构，从主体资格、法律责任的范围和形式、管辖权及强制执行的局限性等3个方面解析去中心化组织的法律意义。同时，区块链还带来了智能合约，本书对其应用场景、法律性质、法律责任进行了探讨，并对算法及自动决策机制在数字经济中的法律应用和监管策略给予了解析。书中还针对大势所趋的各类数字金融中区块链应用和监管方式与挑战予以说明，认为"数字经济时代的到来必将伴随法律的变革"。

5. 高度强调区块链安全。本书结合多项案例讨论了区块链自身的安全问题和区块链为系统安全赋能两方面内容。区块链面临着密码算法安全性、共识安全性、使用安全性、系统安全性等4个方面的安全挑战和多种攻击手段。同时，数字钱包、交易所、区块链底层（数据层、网络层、共识层）都存在不同的安全挑战。书中还介绍了多类基于区块链技术实现的安全技术演进。

6. 系统描述隐私技术体系。本书讨论了当前互联网中的隐私挑战，描述了区块链带来的新隐私问题，指出真正匿名性的实现需要"伪匿名性"叠加"不可关联性"，并且由于对隐私的重视成为数字经济的趋势，"隐私增强技术在未来会扮演更加重要的角色"。书中还具体介绍了差分隐私、同态加密、零知识证明、安全多方计算等多种隐私增强技术手段，并结合区块链特质予以说明。

7. 主张区块链以算力为核心，实现软硬件一体化。本书将硬件的芯片置于极为重要位置，通过强调"硅基文明的核心是算力"和算力对于区块链的基础性作用，介绍了提供算力的芯片的设计与应用。书中具体介绍了区块链芯片的国际竞争格局与芯片二点设计制造产业链，并提出"算力即权力"，认为未来"区块链和芯片会共同成为未来智能数字社会的基础设施，实现多方的智能化协同，构建价值智联网"。

8. 展现区块链和算力革命的社会价值。本书认为,"算力革命推动了数字经济和数字财富的扩张。"当普通劳工在其生产活动中逐渐被异化的趋势使得收入不平等加剧后,"基于算力的加密货币是一项对于新的财富分配手段的尝试"。书中提出要解决算力集中化的问题需要"普遍基础算力额度"为普通人赋权,同时算力会成为重要经济资源,成为各大经济体之间竞争格局的一部分。

简言之,本书集合了区块链时代的经济转型、区块链的社会价值、数字经济学、数字法学、数字安全技术、隐私增强技术、芯片研发与算力等 8 个方面的论述,不同领域专家分别从自身的研究领域出发探讨区块链的现状与未来,由宏观到微观,既总结共性,又探索区块链如何在数字经济中实现突围的特性。

结语

计算机科学家艾伦·凯(Alan Kay)说过,"预测未来的最佳之道是创造未来"。这句话很适合区块链。区块链的未来之路还会相当漫长,人们无法实现对区块链未来的预测。例如,区块链与人工智能的融合,量子密码学和量子技术的影响程度,等等。但是,我们可以相信,区块链具有融合和吸纳数学、物理学和其他科技成果的张力,具有强烈的"自创性"基因,很可能在不久的将来发生革命性突破。对此,本书的作者深信不疑。

朱嘉明
2022 年 8 月 25 日 于横琴

目 录

绪言 科技革命浪潮中的区块链演化

全球科技革命进入叠加爆炸的十年　　　　　　朱嘉明　001

科技驱动经济发展的时代全面到来　　　　　　朱嘉明　012

重塑：区块链的社会价值　　　　　　　　　　段永朝　020

区块链变革的经济学逻辑：兼谈数字经济学理论的
价值与意义　　　　　　　　　　　　　　　　刘志毅　048

区块链与数字经济时代的法律变革畅想　　　　樊晓娟　063

区块链与安全技术　　　　　　　　　　　　　苗光胜　096

区块链与隐私增强技术　　　　　　　　　　　郭　宇　143

区块链与芯片　　　　　　　　　　　　　　　孔剑平　177

数字经济下的算力——基于区块链的视角
　　　　　　　　　　　　　　　　　陈钰什　袁洪哲　194

全球科技革命进入叠加爆炸的十年

朱嘉明[*]

世界著名的未来学家库茨韦尔曾经说过:"我们的未来不再是经历进化,而是经历爆炸。"这句话的核心观点是:未来世界的发展将越来越呈现指数型转变的趋势,逐渐脱离人类社会长期保持的渐进演化模式。接下来,我们想和大家分享对于5个问题的看法。

一、千禧年以来全球科技革命的回顾

千禧年即将来临的时候,人们曾担心计算机的0和1特征可能会在2000年零点的时候产生时间混乱和错乱,然而,"千禧虫"并没有发生,那时的信息通信技术革命已经能够在事实上排除和解决人类对千禧虫的担心。如果要回顾过去20年科技革命的进展,并做一个必要梳理的话,我们认为最重要的是以下8个

---

[*] 朱嘉明,横琴数链数字金融研究院学术与技术委员会主席,经济学家。

方面的科技革命。

第一，信息技术类革命。这里面包含了我们这些年开始关注和越来越深化观察的一些技术性突破，比如大数据、云计算、网络2.0到3.0、智能手机，还有2G到5G的演进等。一般来说，在讨论大数据的时候，相当多的科研人员和技术人员把2013年作为大数据的元年，理由是这一年两位大数据专家写了一本著作叫《大数据时代：生活、工作与思维的大变革》。这本书全面总结了大数据这样一个新的数字化现象是怎样彻底改变人类生活、工作与思维状态的。云计算，一般来讲也被认为是21世纪过去10年最大的突破。人们通常认为云计算是谷歌在2008年提出来的，事实上，云计算的思想最早可以追溯到20世纪中后期，但不管怎么讲，云计算技术取得突破性进展是在过去不足10年左右的时间里。我们今天所定义的智能手机是和3G结合在一起的，以2008年苹果推出iPhone作为重要历史标志，智能手机也是在过去20年间产生的事物，到今天不过10年多一点。一般认为1995年是互联网1.0的真正开始，2005年已经进入互联网2.0，2014年人们开始讨论和关注互联网3.0。现在互联网3.0已经产生新的发展，这就是互联网变成数字互联网，互联网变成价值互联网。至于主要的通信技术，我们所熟知的2G代替1G是在过去20年间发生的，而3G代替2G、4G代替3G都是发生在过去10年左右的时间里。把所有这些变革联系在一起发现，无论是大数据、云计算、智能手机、互联网还是通信技术，真正发现集群性的革命，以及相互影响、相得益彰地发展都发生在过去10年左右的时间里。

第二，视觉革命。在过去5年左右的时间里，我们了解到VR是虚拟现实，AR是增强现实，MR是混合现实，CR讲影像现实，XR是扩展现实。这些视觉革命改变了人们对虚拟世界的认知、模拟和理解，使人的眼睛可以在视觉技术的支持下看到另外的世界。

第三，3D革命。现在3D打印完全可以实现微观如血管，庞大如轮船甚至更为复杂机械设备的物体构造。3D革命不仅要求计算机辅助设备革命、材料革命、激光革命的发展，还要有大数据技术的参与和影响，以及越来越成熟的人工智能技术。

第四，算力革命。算力革命有两个方面的进展，开始是传统超算技术的发展，今天则是量子计算技术的迎面冲击。在传统超算技术方面，中国和美国相互竞争，目前为止，美国的超算计算机Summit应该处于领先地位。但是，中国在2021年3月份公布的E级超算计算机为传统超算技术树立了新的里程碑。传统的超级计算机得以发展的同时量子技术也在进步。2020年谷歌公布了53位量子比特处理机，2021年谷歌所发明的54位量子比特计算机能够进行复杂的化学运算。现在可以证明，谷歌发明的量子计算机在200秒之内的算力相当于IBM发明的Summit传统超级计算机1万年的计算能力。200秒对1万年，算力革命是最引人注意的一场革命。

第五,人工智能革命。关于这方面的讨论非常深入和广泛。2016年3月阿尔法狗(AlphaGo)和韩国九段围棋棋手李世石的比赛是一个跨时代的事件,证明了人工智能的学习能力远远超出我们的估计和判断。从专利的角度来看,过去10年间人类的发明专利广泛集中在人工智能相关领域。

第六,空间开发革命。马斯克在2015年宣布要把1200颗卫星射入到离地球较近的空间,现在又提出最终目标是要把4.2万颗卫星安排在地球周围的空间。马斯克预计,到2025年,他们将有4000万以上的用户。马斯克使通信技术发生了更加深刻的革命。人类已将火星开发提上日程,同时卫星已经超出太阳系进入银河系。

第七,生命科学技术的发展突飞猛进,最值得注意的是芯片和人脑的结合以及基因编辑技术。

第八,以上所有科学技术的突破最终在2008年带来了第八类革命——数字货币诞生和区块链技术发展。人们比较熟悉的比特币、以太坊,还有现在基于星际文件系统(IPFS)技术的文件币(Filecoin),都是在这期间得以发明发展的价值性科学技术突破。

将上述8个方面的技术做整体归纳发现,在过去20年间,科学技术进步的3个支点是信息技术、算力技术和人工智能。人类历史上很难找到像过去20年这样特殊的时期,在如此短的时间里产生如此复杂的科学技术,并在相当广泛的领域和部门同时得以发展,同时得以突破,同时产生交互作用。这在人类历史上是前所未有的。

二、2030年之前科技革命叠加爆炸的趋势

这个趋势可以概括为未来10年将是科学革命呈现叠加性爆炸的10年。我们在这里主要谈5个革命，这5个革命的叠加交互作用会引发爆炸性的发展。第一，量子技术代表的算力革命；第二，人工智能代表的职能革命；第三，价值互联网引发的资产和价值革命；第四，物联网代表的生活方式革命；第五，智能城市代表的空间革命。

量子技术代表的算力革命是最值得关注的。长期以来，关于量子技术、量子算法、量子计算机的发展前景一直存在争议，算力革命和传统超级计算也将有相当长的并行时代。但是目前，即使最保守的观点也基本同意量子计算技术会在未来的5—10年间有突破性进展。比如，量子技术发展导致量子互联网产生，从而使传统密码体系得到突破。

人工智能代表的智能革命存在的最大争议是"人类究竟有没有能力驾驭人类创造的人工智能？"有一点是可以肯定的，在计算能力上，在处理所有未来经济发展的领域，人工智能将大面积、大规模替代传统的人类智能。所谓的价值互联网就是互联网3.0，价值互联网的产生、区块链的作用、加密数字货币及数字资产的实现，都会颠覆和改变人们过去基于物理形态的财富理念；物联网会全方位改变人类的生活方式；智能城市会打破原来

人们基于地理纬度所理解的空间。

这5个革命严格来说并不存在绝对的界限，它们会相互影响并且产生混合性、叠加性效果。在这样的科技革命叠加之下，我们会面临如下4个突破：

第一，人类与微观世界和宏观世界关系的突破。过去人类对于微观世界的理解是非常有限的，对宏观世界的理解是相当抽象的，因为人类对宏观世界和微观世界的认知是需要工具的。微观世界变得越来越小，微观世界中具有代表性的、目前影响人类的首先是量子，量子是当今世界中最有概括性的、最基本的单位。基因是生命中最基本的单位；病毒，包括今天还在影响全球的新冠病毒；以及经济活动中的芯片，所有这些都是以纳米为单位的，都是极端微观的——新冠病毒小于100纳米；芯片是5纳米、7纳米、3纳米或者2纳米。这种微观的尺度人类凭借自己的肉眼是没有办法认知的。至于宏观世界，对太阳系相当多的领域甚至对于太阳系之外，今天我们已经达到可以直接观测、直接探索的地步。

第二，人类对牛顿时间和空间的突破。

第三，人类智慧模式和自然语言的突破。计算机使得所有语言可以瞬间实现直接翻译。

第四，人类对自身和生命形态的突破。

三、主导科技革命和科技大爆炸的基本规律

主导科技革命以及影响科技革命产生叠加效益的规律是什么？在这方面，人们做了很多的研究和探讨，获得公认的是以下3个规律。

第一个规律是"摩尔定律"。摩尔定律原本是指集成电路上可容纳的晶体管数目，约每隔2年会增加1倍——它要求晶体管的体积变得越来越小。实际上，摩尔定律要求的就是芯片按照持续缩小的规律来开发。根据目前的经验平均下来，每隔1年集成电路面积缩小四分之一。台积电计划在2022年第四季度实现3纳米芯片商业化，并有可能在2024年、2025年实现2纳米芯片商业化。2纳米是什么意思？1纳米相当于1米的十亿分之一，2纳米就相当于1米的十亿分之二。1纳米是头发半径的几万分之一。这个世界竟然会被如此微小、如此微观的物质所定义和改变。

第二个定律被称为"梅特卡夫定律"，即一个网络的价值等于该网络节点数的平方，而且该网络的价值与联网用户数的平方成正比。简单来说，就是网络导致网络，网络导致价值，而这之间的关系是平方关系。如今，互联网加速互联网。因此，在商业上大家算流量，其实就是基于梅特卡夫定律。

第三个定律就是"颠覆定律"，也可以翻译成是"突破定律"或"打破定律"。目前，人类社会出现一个前所未有的现象——科学技术呈指数型变化和发展，但是社会经济和法律制度还在渐

进式演变。科技进步的速度和社会、经济、法律甚至人们思维所呈现的演进速度,两者呈现非对称的速度变化。随着时间推移,这个非对称变化会导致两者之间的差距不断扩大。我们尤其希望读者能给予第三条定律充分的关注和认知,因为它说明了科学技术本身是具有生命力的,是有自己成长与发展规律的。在科学与技术之间,过去我们常常讲"R&D","R"是指 Research(研究),"D"是指 Development(发展);"R"主要是讲基础研究,"D"主要是讲应用技术。现在"R&D"的界限也在逐渐模糊化,科学不仅利用技术而且要在技术中来发展和改变自身。

在这样的情况下,传统的创新模式也在发生改变。历史上著名经济学家熊彼特是创新理论或者说破坏性创新理论的提出者。但是熊彼特讲的创新大体上是从一个产品的创新促使一个行业的创新,一个行业的创新促进一个部门的创新。今天,所有的创新都变得必须集群化、综合化、交叉化。单独的一个产品创新或单独的一个技术创新都不足以形成和改变今天的创新模式。

因为这些原因的存在,在未来 10 年左右的时间中很可能发生科技革命。正如人们在很多年前就持续讨论过的奇点问题:所谓"奇点"就是像宇宙大爆炸一样,当所有的科技革命叠加,产生叠加效果之后,就会引发根本性改变,而社会基础、社会基础结构、社会体系会随之变化。它会强制缩小科技进步与人类法律体系、人类思维模式之间不断拉大的差距。比尔·盖茨和马斯克推荐过 3 本书:《终极算法》《超级智能》《终极发明》。书中解释了为什么人类科学技术的急剧发展、叠加和爆炸,最终会推动人类科学技术走向起点。

四、数字化、数字经济和数字社会正在加速到来

数字经济、数字化甚至数字文明已经出现若干年了,如今这些讲法、理论、思考都在成为现实。为什么数字化、数字经济和数字社会会加速来临?有三方面的深层原因:一是超级数据的爆炸性增长,二是超级数据算力的超级爆炸性增强,三是超级数据应用的爆炸性推动。

我们如何看待今天数据增长的数量?2011年,全球的数据总量约1.8ZB,1ZB等于1万亿GB,相当于在2011年时人均产生的数据是200GB。换一个更形象的说法,1.8ZB相当于572亿个32GB的苹果公司平板电脑容纳的数据量总和。当时人们预测2020年的数据总量或将达到35ZB,1ZB相当于2的70次方,因此,很可能不久的将来人类就要进入所谓YB时代,也就是2的80次方。当进入到2的80次方时,人类距离目前考虑的字节极限BB阶段,也就是2的90次方也不是那么遥远。在这样的数据面前,人类需要更大的算力,需要对数据进行更加广泛地应用。在这样的情况下,人类社会会被数据彻底洗礼。正因为这样,关于经济为什么会被数字化,以及为什么会产生数字经济的问题就得以被轻松推理。知识经济、智能经济、信息经济、观念经济等等,说到底都是数字经济。

这个问题可以这样理解：经济是从技术中产生自己又不断地从技术中创造自己。经济是技术的表达，而技术的最终目的是对各种现象有目的地编程。在这样的意义上，数字经济本质上也可以理解成是一种编程经济，因为没有编程，就没有我们对数字如此深刻的理解，就不能认知未来的经济是被数字创造的经济，是被数字改造的经济，是既被数字改造又被数字创造的经济。著名的物理学家约翰·惠勒在1990年提出一个观点：万物源于比特。比特实际上就是0和1，就是数字。未来的世界将被比特改变，因为数字世界和数字化的形成将使无机界和有机界、现实世界和虚拟世界、微观世界和宏观世界，以及现在世界和未来世界实现统一，至少在本质上是统一的。

五、中国需要更多的发明家

从19世纪下半叶到20世纪上半叶的100年间，最重要的发明家应该是谁呢？我们会想到两个人，一个是爱迪生，一个是特斯拉；如果再往前推，还可以追溯到诺贝尔和奔驰汽车发明者，还有莱特兄弟，他们都可以纳入发明家的行列；而今天对世界影响最大的发明家应该是马斯克。我们可以看到科学家、发明家、工程师、企业家四者的关系。有的人因为是发明家同时成为科学家，有的人因为是发明家同时成为企业家，有的人从工程师成为发明家，有的人从企业家成为发明家。

发明家的作用非常重要。爱迪生改变了历史，特斯拉也在改变历史，今天马斯克同样在极大程度上影响了科学技术发展的方向。从今天来看，21世纪将是科学、技术、发明与企业精神一体化的时代。发明家对于中国来讲是极为短缺的人才，需要有更多人致力于发明，致力于创造从科学基础上影响历史方向的发明，未来10年，发明家的地位将不断得到提升。发明是科学与工程的重要连接点，是创新最重要的体现，没有发明就没有坚固的知识产权基础。科学技术的进步对社会的影响和对人类自身的影响，无论目前怎样估计，可能都是保守的。

科技驱动经济发展的时代全面到来

朱嘉明

仅仅在 100 年前,中国还处于北洋政府的统治之下,文化、经济、科技极端落后。即使在这样的情况下,现代科技的光芒依然照射到了中国。在 1921 年,爱因斯坦的狭义相对论和广义相对论的基本原理被介绍到中国,介绍给当时处于极端早期发展阶段的中国科学界。一本名为《狭义与广义相对论浅说》(后来改名为《相对论浅议》)的图书出版,是中国与现代物理学全面结合的历史起点。1922 年 11 月和 12 月,爱因斯坦两次短期造访中国。

站在 100 年之后的今天,一场科技革命的叠加发展同样不仅影响着中国和世界,而且这种影响正在全面地改变全世界的经济、政治、社会、生态。在这样的背景下,这场转型不是一般意义的转型,而是一场"波兰尼大转型"。

一、传统经济和数字经济的强烈反差

在过去的一些年中,特别是在 2008 年全球金融危机之后,不论传统实体经济还是传统金融经济,都面临着每况愈下的趋势。首先是经济增长处于严重的低水平波动状态。传统的原材料、能源价格都处于非常不确定的状态。传统的国际贸易已经难以为继,通货膨胀成为长期不能解决的现实威胁,利率在世界范围内也处于无法稳定在一个基准水平下的状况。

在此情况下存在三个不均衡:一是宏观经济与微观经济的严重不均衡,二是实体经济和金融经济的严重不均衡,三是经济增长和产业结构的严重不均衡。三个不均衡最集中的表现是世界性产能过剩和世界性消费不足之间的矛盾日益严重。这些不均衡主要体现在传统经济领域。但与此同时,数字经济却在全方位地崛起。一方面是数字经济正在改造着传统的产业结构,产生着新的经济部门;另一方面,数字经济对经济增长的贡献越来越大,数字经济占世界主要国家 GDP,甚至全球 GDP 的比重也在迅速、稳定地上升。传统经济与数字经济的反差在进入 21 世纪后变得越来越明显和强烈。

观察的立场和视角不同,会产生对现在现实经济的不同看法。如果站在传统经济框架下,把注意力完全放在传统经济领域,就会对当下的经济产生相当悲观的看法。反之,如果站在数字经济的立场看到数字技术的发展,注意到数字经济正在展现的潜力，就会对经济发展前景持相当乐观的立场。与此同时，数字经济的发展导致全球范围内的数字不平等、数字鸿沟问题，导致因为学习能力的差距而形成的学习贫困。这样的反差没有削弱，而是增强了——我们正处于此种反差的强烈时刻。

二、数字经济的基础技术体系臻于完备

数字经济天生就是以技术为基因、以技术为驱动力、以技术为基础设施的经济。在过去的 20 余年甚至追溯到过去半个世纪左右的时间里，数字经济的技术体系一步一步、非常有节奏地形成了一个完备的体系。现在我们对这个完备体系能够做全面概括，而这是过去做不到的。

以 2008 年全球金融危机为分水岭，以下的技术在过去的 10 余年间按照一定节奏逐渐展现在人们的眼前，并且开始被全面应用。例如，区块链产生到现在大概有 14 年左右的时间，没有人可以否认区块链技术是数字经济的重要基础。同样还有云计算、大数据、已被大家逐渐认知的 5G 和正在开发或者迅速开发过程中的 6G、扩展现实、数字孪生、人工智能和量子技术等，这些技术有的早已有之，有的是在过去 10 年中产生发展。但无论如何，我们必须承认这样一个事实，到现在为止所有这些技术完成了一个前所未有的完美融合，支撑着今天数字经济的发展。

其中 3 个技术是尤其重要的：

数字孪生一共才有 10 年左右的发展历史，但是它包含着新的技术观念和强大的技术支持。数字孪生要解决的虚拟映射、实时同步、共生演进等，都是这些年发展出来的技术。没有数字孪生，元宇宙就不可能存在。

人工智能在过去 10 年左右的时间里取得的进展是前所未有的。以美国为例，在过去几年间，65%学习人工智能的博士都进入了产业界，证明人工智能正在进入全面应用时代。

特别要强调的是量子技术。在 2021 年 11 月 16 日，IBM 公司宣布成功研发高达 127 个比特的量子计算机，并认为在 2023 年可以实现 1121 量子位处理器。我们已经清楚地看到，人类很快进入到经典计算机和量子计算机混合应用的时代。

所有这些都展示了一个现象：数字经济的科学体系终于在 21 世纪 20 年代开始之际完成了合拢、交叉、融合和互动。这一切是有节奏、有秩序地实现和完成的。可以说，人类从来没有像今天这样清楚地看到数字经济背后的技术体系。或者说，这些技术构成了支撑数字经济的脚手架，而如今当这些脚手架被拆掉，数字经济已经屹立在人类经济史上了。

三、数字经济导致经济资源的大分化、大改组和大融合

数字经济在发展过程中形成了两个脉络：一个脉络是数字技术对传统经济实行全面改造，另一个脉络是基于数字经济产生崭新的数字经济部门，后者具有非常大的潜力。例如，所有的数字金融势不可挡地发展，智能合约对经济的支撑，非同质化通证（NFT）代表的数字 ID，去中心化金融（DeFi）所支撑的数字金融服务，去中心化自治组织（DAO）对数字经济组织方式和模式的改变——所有这一切都形成了前所未有的动力，推动传统资本，包括对冲基金、养老基金等传统大型金融机构全面涌入数字经济领域。

数字经济将面临前所未有的大爆发，达到现在不能够精确估计的全新数量级。数字经济是一个能够吸纳人才、资本等一切经济要素和经济资源的经济形态。在其发展过程中势必产生超出现有预期的溢出效应，包括对经济增长的溢出效应、对金融体系改造的溢出效应和对就业的溢出效应等。今天已经到了要准备和适应数字经济时代的时刻。

四、元宇宙：数字经济的载体

2021 年下半年以来，元宇宙成了最火爆的新概念之一。在这个过程中，元宇宙产生了前所未有的冲击力，使越来越多的人提出和思考什么是元宇宙的问题。

元宇宙现在还处于宣传和舆论阶段，元宇宙的落地还面临着技术、法律和监管方面的限制。但是元宇宙未来的几个主要发展方向已经可以预见。一是元宇宙继续向虚拟和观念领域发展。元宇宙会进一步地改造和创造艺术、文化和关键产品。例如，元宇宙会使现在的游戏达到更加完美的状态。二是元宇宙同其他产业方向的结合正在全面显现出来。例如，元宇宙和工业特别是加工工业结合、元宇宙和教育事业结合、元宇宙和零售经济结合等。三是元宇宙和区域发展的结合。韩国首尔正在进行大规模的区域试验，在2022—2026年的5年时间内将创造出元宇宙的首尔。也就是说，在2026年之后将有两个首尔：一个是物质的和物理状态的首尔，就是我们今天看到的支撑着上千万人口的首尔；另一个是元宇宙的首尔。

为什么元宇宙有这样大的冲击力？除了上文提及的这些方向及推动力之外，元宇宙正在和年轻一代紧密结合。年轻人会更加愿意参与对旧时代、对传统经济及其构造具有"破坏性"的创新技术。他们正在把"破坏性"创新的热情移向元宇宙，完成了第一代元宇宙移民。这样的情况在历史上没有发生过，这是第一次实现现实世界和虚拟世界互动的历史时刻。

总之，通过元宇宙，数字技术与数字经济在深度、广度和速度三个方面能够形成互动并相互影响。

五、数字经济正在加速解构和建构传统的全球化

传统的全球化是WTO创建之后的全球化，基本是基于物质产品贸易的全球化，包括占比较小的服务贸易和技术转让。但是今天，一方面，传统形态的贸易在衰退，传统贸易之间、传统贸易制造国之间有冲突，有各种各样的贸易战；另一方面，数字经济贸易已经悄然开始，包括数字经济技术和产品的国际贸易。数字跨境贸易已经成了气候，只是全球仍在探索如何监管和规范数字跨境贸易。

未来的国际竞争将集中在数据技术、算力技术和算法技术上。未来国际贸易的组织形态很可能是DAO的形态，或者说会有很多的去中心化自治公司（DAC）构成DAO的形式来支撑数字经济时代以数字技术和数字产品为主要内容的国际化和全球化。

六、结论

1944年，英籍匈牙利经济学家波兰尼写了一本名为《大转型》（Great Transformation）的著作。波兰尼的观点和哈耶克不同，波兰尼反对经济是由自发市场控制和左右的，他认为经济镶嵌于社会和政治体系之中。因此他主张所有社会的转型都是由经济与社会和政治的互动所决定。波兰尼把这个叫作"双向运动"（double movement）。

我们可以对波兰尼的观点进行延伸。今天这个世界是由三部分影响和组成的：第一是经济，第二是社会与政治，第三是科技。以前可以认为经济主导科技，科技隶属经济，但在今天，科技正在成为越来越独立并越来越具有生命力的一种社会变量。经济、社会和政治、科技成为影响21世纪20年代转型的三个基本要素，形成了一个新的互动关系，可以称为"三向运动"（triple movement）。

展望20世纪20年代，会清楚地看到科技将怎样影响经济、政治和社会。没有科技，正在发生和继续发生的大转型就无法被解释和理解。

重塑：区块链的社会价值

段永朝[*]

严格来说，区块链并非一项独立的技术，而是若干基础技术的综合，是"汇聚技术"（converging technologies）的典范。区块链的基础技术包括密码学、哈希函数（hash function）、分布式网络、可信计算、对等网络等等。"汇聚技术"是技术嵌入生命的重要历史现象，如果用海德格尔的术语来表达，就是生命嵌入技术"座架"的过程。[1] 这一历史现象在第一次工业革命广泛使用碳能源、蒸汽机械之后，就开启了其日益加速的历史进程。

在技术汇聚日益导致"人类增强"的大背景下，区块链技术应运而生，并迅速成为世界各国竞相关注的战略领域。区块链已成为自1969年互联网诞生以来，为数不多的几项重新塑造未来世界形态的伟大技术之一。区块链的技术清单可以从不同的角度

---

[*] 段永朝，苇草智酷创始合伙人，信息社会50人论坛执行主席。
[1] 张祥龙：《技术、道术与家：海德格尔批判现代技术本质的意义及局限》，载《现代哲学》，2016年第5期，第59页。

去罗列，但至少会包括包交换技术、分布式计算、万维网技术、人工智能技术等。

2016年之后，世界主要经济体的政府、央行纷纷关注区块链，并相继将区块链纳入国家战略。技术专业媒体和大众媒介纷纷加入解读区块链时代意义的行列，这在技术演化史、传播史中并不鲜见。从150年前的电灯、电话，到100年前的汽车、飞机，再到广播电视与电脑互联网，这些重大的技术创新都伴随着对人类日常生活、生产方式、社会组织方式的塑造。1920年，列宁对共产主义的诠释就是这样一个简单的公式：共产主义＝苏维埃＋电气化[1]。技术与社会形态的共生关系一再提示人们，在一项新的技术涌现之后，除了需要密切关注其技术动向、经济价值之外，还需要深入思考其社会含义和文化意味。区块链作为一项汇聚技术，将给未来带来何种巨大变革？它的意义到底何在呢？本文试图通过三个关键词——信任、共识、知足社会，来探讨区块链的社会价值和未来影响。

一、信任：从多次重复博弈到陌生人的信任

信任问题无疑是人类发展中的重要问题。德国哲学家雅斯贝尔斯将其总结为"轴心时代"的核心问题。雅斯贝尔斯在《论历

---

[1] 列宁著,中共中央马克思恩格斯列宁斯大林著作编译局、莫斯科外国文书籍出版局译:《人民委员会的工作报告》,载《列宁论重工业的发展和全国电气化》（中译本）,北京:人民出版社,1956年版,第108页。

史的起源与目标》中将2500年前左右称为人类文明的"轴心时代"[1]。轴心时代发生在北纬25度到35度区间,面临的根本挑战是如何建立世界秩序。古希腊、希伯来、古印度和华夏四大文明区域的贤哲总结出这样一个建构秩序的"金规则"(Golden Rule)[2],可视为影响至今的信任法则。这一法则在异域文化演进中,虽旨趣相通但又有不同的表述,反映出不同的文化底色。比如东方语境下常见的说法是"己所不欲,勿施于人";西方基督文明语境下常见的说法是《旧约圣经》中的这一句:"以眼还眼、以牙还牙"。

这两种说法只是"金规则"不同的文化面相,"先礼后兵"也好,"同态复仇"也好,在贯穿人类数千年文明演进中,"金规则"的历史实践一再验证了两个鲜明的特征:其一是族裔征伐、资源掠夺下的血雨腥风、冤冤相报,其二则是王朝兴衰、社会动荡下的脆弱平衡,难以走出"历史的周期律"。这两个特征都揭示出某种共同的历史后果,就是社会发展所付出的代价是巨大的。这两个特征的根本原因在于,人与人之间通过多次"打交道"形成信任,正所谓"吃亏上当长见识""日久见人心"。社会的基本信任是建立在多次重复博弈的基础之上。在建立信任、谋求共识的过程中,不停地有人投机取巧、抄近路、抖机灵,让

---

[1] 雅斯贝尔斯:《论历史的起源与目标》,上海:华东师范大学出版社,2018版,第7页。

[2] 凯伦·阿姆斯特朗:《轴心时代》,海南:海南出版社,2010版,第4页。

遵守规则的人感受到了莫大的伤害和不公。美国纽约大学哲学教授詹姆斯·卡斯称之为"有限游戏",即"零和博弈"。[1]

这种多次、重复的零和博弈让经济生活、商业活动中的缔约成本和履约成本居高不下。这种交易成本被经济学家科斯用来解释现代企业的存在。[2] 因为信息不对称或者自利动机,买东西的时候要货比三家、讨价还价,从而产生大大小小的缔约成本;又因为"道德风险""劣币驱逐良币"带来的"柠檬市场",经济学家发现"制度"也是维系自由市场运转的经济要素。然而,制度的建构又会进一步引发"公地悖论",带来更多的履约成本。那么,为什么一定要在降低交易成本、化解道德风险方面花费那么多的时间、精力、资源?这是生产、交易、分配和日常生活绕不过去的"坎儿"吗?重提这一问题,对深入理解区块链背后的思想很有必要。

在区块链出现之前,众多社会学家、经济学家甚至生物学家都试图从各自领域解释或者解决"合作"的问题。美国密歇根大学政治学教授罗伯特·阿克塞尔罗德(Robert Axelrod)在1980—1984年间组织了两场计算机竞赛游戏,他抛出的问题是:获利的最佳策略依然是弱肉强食,但是能不能在自私的个体之间达成合

---

[1] 詹姆斯·卡斯:《有限与无限的游戏:一个哲学家眼中的竞技世界》,北京:电子工业出版社,2013版,第3页。
[2] 科斯著,盛洪、陈郁译:《企业、市场与法律》,上海:格致出版社,2009年版,第130页。

作呢？最终多伦多大学的一个团队获胜，他们采取的游戏策略就是"己所不欲，勿施于人"。在阿克塞尔罗德《合作的进化》（*The Evolution of Cooperation*）一书中，提出人的天性中不仅包括自私的一面，也存在合作的一面。

哈佛大学数学与生物学教授马丁·诺瓦克（Martin A. Nowak）也在数学、生物学领域上进行探索，认为合作是继突变和自然选择之后的第三个进化原则。诺瓦克研究物种的群体行为，研究物种和物种之间的互惠行为。他发现挠痒痒和互相梳毛是上百万年生物演化过程中遗存下来的非常重要的亲社会行为。

纽约大学宗教历史系教授詹姆斯·卡斯（James P. Carse）在《有限与无限的游戏》（*Finite and Infinite Games*）中表达这样一种观点，过去2000多年人类都是在"有限游戏"里，其特征就是资源竞争、论输赢、有生死，这种残酷竞争的意识被社会达尔文主义者推波助澜，变成一种社会思潮。而詹姆斯·卡斯认为，人类社会演进过程中的各种博弈可以分成两类：一类是有限的，必有终结，必有输赢；一类是无限的，没有终结，比如母子之间的互动，必须互相信任和互惠才能有和谐共赢的长久关系。卡斯说，"未来的游戏是无限游戏"，不会因为局部输赢而导致整个游戏就被彻底"玩坏"。

2016年，谷歌公司的智能下棋机器人阿尔法狗（AlphaGo）战胜李世石等围棋高手之后，很多棋手和围棋爱好者觉得很受挫，认为在具体的对弈中，人已经毫无悬念地完败。甚至有人认为,"作为竞赛的围棋"已经索然无味。但这只是问题的一面。阿尔法狗战胜人类棋手,只是"有限游戏"。但对于人而言,下棋的乐趣依然存在,阿尔法狗让我们重新理解围棋,也重新理解人与机器、人与围棋的关系。

在信息时代,数据成为新的生产要素之后,新的分工法则(特别是人与机器之间、机器与机器之间的分工法则,或者说"界面")是什么,新的组织形态(特别是自组织)是什么,成为信息经济、信息社会迫切研究的问题。在这些问题的背后,如果建立信任的方式不发生改变,未来的信息社会将无法正常运转。因为信息社会中联结的广度和深度远远超过传统社会。信息社会的一个显著特征可以用"万物互联、虚实交互"这个术语来描述。当人们通过无数的传感器彼此相连,通过智能技术的"嵌入"成为赛博格(Cyborg)[1];当数字世界成为实体世界的"孪生世界",每个人不仅拥有生物学意义上的生命,还拥有数字世界的多重化身,人已经演变为新的物种,并接纳智能机器也成为新的"生命现象"。在这种未来画面之下,如果人与人之间建立信任的方式依然停留在多次重复博弈的层级,停留在零和博弈的价值状态,那么这个世界的正常运转是不可想象的。

在万物互联的世界中,我们希望陌生人间信任一次就能够建

---

[1] 任何一个外部义肢装置都可以将一个人变成赛博格,比如作为技术社会化载体的手机就是一个低层次意义上的赛博格,因为它利用网络平台(信息交换和连接)使参与者可以与另外的参与者沟通和交流。

立起来,我们希望超越所谓轴心时代"金规则"。虽然听上去有乌托邦的意味,但在数字化进程方兴未艾的大背景下,这已经充满了现实可能性。原因集中在三个方面:

其一,拓展"生命"的边界。18世纪的生命观带有强烈的机械论色彩,法国思想家拉-梅特里在小册子《人是机器》里就鲜明地表达了这种生命观。进入20世纪特别是过去100余年里,对大脑的研究,对DNA的研究,以及对意识的研究,在过去40年内形成认知科学、认知神经科学、系统生物学、社会生物学等诸多交叉学科,对"生命"的理解开拓了诸多新的疆域。例如"涌现""自创生"等概念。

其二,拓展"世界"的理念。"世界"是一个现代概念,伴随着西方民族国家兴起和工业资本主义进程,其原初含义有浓厚的西方中心主义色彩。英国历史学家汤因比将文明纳入历史研究的视野,但他的世界观念依然是不同文明演进的物理综合。结构人类学的方法打破了层次递进、单线条演进的史观,承认了文明进程的平行性和共存性。20世纪60年代,西方出现了新史学思潮,麦克尼尔等将人类历史的纬度拓展到人类作为一个物种的出现,即人的早期演化、迁徙。"人类世"(Anthropocene)概念将人的活动作为重要的"地质营力",再次拓展了"世界"的纬度。[1]

---

[1] 段永朝:《意义互联网:新轴心时代的认知重启》,上海:东方出版社,2019年版,第18页。

互联网、智能科技技术进一步提出了新的可能。王飞跃将这一架构称之为"平行世界",他认为,"未来世界的和谐,一定是'物理世界＋心理世界＋人工世界'的和谐,加起来就是平行世界"[1]。经济学家朱嘉明教授认为,"区块链首先是非物质世界和非物理世界的基础结构。其次,它是物质世界和非物质世界两个世界相连的桥梁"[2]。这一关于世界的观念演化已经日益凝结为一股认知世界的洪流。"世界"这一概念的变迁显示了历史意识、人类意识的变迁。

其三,拓展"账户"的概念。在认知视野不断拓展、更新的时代,区块链思想的出现可以说一下子击中了人们的神经。这种建立在加密技术、分布式计算和对等网络架构基础之上的账户体系,为未来数字世界建构秩序和信任奠定了坚实的基础。但要注意的是,这里的账户是广义账户的概念。

早在2014年,上海证券交易所前总工白硕就用"记账＋认账"这四个字非常简明扼要地概括了区块链技术的核心特征。[3]在这里,账户是区块链技术处理的重要对象。什么叫账户?简单说来,账户就是任何一笔经济活动的财务记录。所谓广义账户,就是说它不只包含经济活动,还包含社会活动。换句话说,在今天

---

[1] 王飞跃:《X5.0:平行时代的平行智能体系》,载《中国计算机学会通讯》,2015年第11期,第10—14页。
[2] 朱嘉明:《关于形成区块链应用数学的可能性》,提交给"区块链数学科学会议"的论文,北京,2018年12月18日。
[3] 武卿:《区块链真相》,北京:机械工业出版社,2019年版,第32页。

的互联生活中时刻发生的点赞、转发、评论、上传,都可以成为账户体系中的一个记录。未来数字孪生的世界中还可能包含情绪账户、心理账户,也就是说任何人有关其生存状态的全方位记录都可以成为广义账户所记载的内容。这里我们暂且将相应的伦理、法律等问题放到一边,聚焦这个广义账户在缔结信任中的基础功能。

从狭义角度说,区块链支撑下的信任机制建立在账户信息不可伪造、不可篡改、不可抵赖等方面。区块链通过加密手段确保账户信息的保密性和完整性。经济活动和社会生活一旦纳入区块链账户,就永久不能赖账,财务造假的事就不存在了。但对于广义账户而言,区块链技术不只是防止账户造假这个层级,它还有信任评估的功能。"日久见人心"这一古老的谚语在区块链上得到了真实体现。一个人的信用状态不只通过具体交易过程来体现,也综合了社会行为的点滴记录。数字世界的信用度量系统简单说就是"攒积分"的过程,通过攒积分来积累社会声誉,并威慑违规行为。这有赖于社会行为数据与经济交易数据之间的互联互通。在这种广义账户的体系下,消费者意愿得到了充分保证,个性化消费、个性化定价、个性化生产才真正成为可能。

从这个意义上说,区块链告诉我们,未来的信任基础设施发生变化以后,从某种意义上说简化了人与人之间的经济关系。"漫天要价,就地还钱"永远成为过去式。价格作为"信号"的必要性大大降低。

综上所述,区块链技术使社会信任的立足之本发生了根本性变化——从"多次重复博弈"转向"陌生人一次信任"。工业时代的信任是建立在信息不对称假设之上的，认为信息不对称无法逾越。信息时代最大限度地压缩了信息不对称，换句话说，技术上完全可以做到信息对称。那么信任的基础就发生了变化。把信任建立在全新的基础上，靠的就是区块链的共识机制。

二、共识：从同意到计算

什么是共识机制？按照区块链的定义，共识机制是指通过特殊节点的投票，在很短的时间内完成对交易的验证和确认；一笔交易中，如果利益不相干的若干个节点能够达成共识，就可以认为全网对此也能够达成共识。主要的共识机制有工作量证明（POW）、权益证明（POS）等。这个定义包括两个内涵：其一，区块链思想中的共识是建立在计算基础上的。工作量证明是算力证明，权益证明是权力证明。其二，区块链的共识机制就是前述的"认账"机制，这在某种程度上是传统共识概念的延伸。

这两个特点如果归纳为一个，就是区块链的共识机制建立在"多数同意"的基础之上。这种共识指的是分布式计算的一致性问题，其技术思想源自 1959 年兰德公司 Edmund Eisenberg 和布朗大学 David Gale 的研究——特定概率空间中，一组个体的主观概率分布如何形成共识概率分布。在分布式计算研究领域，1975年，美国纽约州立大学石溪分校的 E. A. Akkoyunlu、K. Ekanadham 和 R. V. Huber 首次提出虚拟问题"两军问题"；1980 年，Marshall

Pease、Robert Shostak、Leslie Lamport 提出"拜占庭将军问题"。这些技术思想成为区块链共识算法的工程基础。《区块链理论与方法》一书的第四章"共识算法"[1]中已作较详细分析,这里不复赘述。

本节需要讨论共识思想的社会学、政治学乃至伦理学含义,并借此理解共识在区块链中的主要意义。值得注意的一个问题是:共识是可计算的吗?或者换一个说法,可计算是否是共识的一个基本特征?讨论这个问题,需要先理解共识在社会科学领域的含义,以及共识在区块链背景下的意义。

"共识"一语的定义可谓五花八门。政治学里"共识"的定义为:"在一定的时代,生活在一定的地理环境中的人们共有的一系列信念、价值观和规范准则。在政治意义上,它指的是与政治体系有关的信念。"[2]这个定义虽然带有政治学意味,但其实更多强调的是信念、价值和准则这样的"道德"含义。

共识的哲学思考源自英国哲学家洛克和休谟。洛克的共识理论可视为西方共识理论的开端,也是社会契约和古典自由主义的思想源泉。洛克致力于探讨如何为被宗教和道德所分裂的国家及多元社会的出现提供共同的基础,以维护政治共同体的团结和统一。休谟将精神现象的动因或最终原理归结为同情,认为同情是

---

[1] 袁勇、王飞跃:《区块链理论与方法》,北京:清华大学出版社,2019年版。
[2] 戴维·米勒、韦农·波格丹诺、邓正来主编:《布莱克维尔政治学百科全书》,北京:中国政法大学出版社,2002年版,第166页。

一切道德感的来源,而共识的同一性来源于同情的稳定和同一。同情也被称作"同理心"。

对于启蒙运动的思想家来说,政治社会的秩序依赖大众出于同意或者共识而对政治共同体给予的持续忠诚和支持。也就是说,公众对政治体系的支持要建立在普遍的道德根基之上,而不是依靠纯粹的利益基础,否则政治秩序就会崩溃。通过将政治共同体建立在道德共识的基础之上,洛克的共识理论遂成为基于道德的共识。

洛克认为,理性是人类所具有的不同于动物的进行推理、演绎的能力,"它可以扩大我们的知识并调节我们的同意"。进而,洛克认为:"借着这种作用,人心就知道任何两个观念间的契合或相违,就如在解证中便是;它借此也看到概然的联系,就如在意见中便是。在前一方面,他就得到知识;在后一方面,它就予以同意或不同意。"[1]

洛克与霍布斯都强调同意下的共识。这也是契约理论和人权理论的道德基础。只有同意才能提供人们组织政治共同体、经济共同体并将其视为合法的基础。"人类天生都是自由、平等和独立的,如未得到本人的同意,就不能把任何人置于这种状态之外,使受制于另一个人的政治权力。"[2]

---

[1] 洛克著,关文运译:《人类理解论》,北京:商务印书馆,1983年版,第666页。
[2] 洛克著,瞿菊农、叶启芳译:《政府论》,北京:商务印书馆,1982年版,第57页。

洛克将共识与信任联系起来,共识缺乏的地方,社会信任和政治信任都是缺乏的,政治体系也是不稳定的。建立在洛克道德基础上的共识理论,有两个假设:一个是作为个体的主体独立性假设;另一个则是个体同一性假设。前者是笛卡尔的"主客两分法"予以保证的;后者则是康德的物自体、黑格尔的绝对精神予以保证的。在高扬理性至上的17—19世纪,这种共识毫无疑问成为凝聚社会最大的道德力量。然而,情况并非如此简单。20世纪关于自由与平等、民主与正义的争论,关于集权主义与自由主义的尖锐对抗,以及两次世界大战和持续半个世纪的意识形态冷战,都不无嘲讽地指出,这种建立在洛克道德哲学基础上的共识是多么脆弱。

美国政治学家罗尔斯在谈论公平的正义之时,试图抛开形而上学的方式来探讨如何将政治共识建立在更加坚实的基础之上。罗尔斯认为,需要从道德哲学重回政治哲学,将公平正义的道德色彩转移到政治意义下的公平正义,这样就可以促进正义观念在不同的政治理念之间获得最大限度的"重叠共识"。换句话说,罗尔斯的政治哲学建立在共识而非真理的基础之上,追求的是一致同意的共识,但完全可以保留对事实截然相反的判断。

罗尔斯的正义观基于平等主义,是一种用于社会基本结构的权利、利益分配的正义观。他指出,主要有两条理想选择的正义原则:一条是平等分配基本自由和在机会公平条件下差异化分配社会经济利益的正义;另一条是最可能地有利于最少获益者。[1]

公平的正义是洛克重叠共识的内核。洛克将分配问题纳入公平原则具有开创性。任何人不但有"有所为"的自由,也必须有对"所为之果如何承受"的顾忌。也就是说,一个自由的人不能肆无忌惮地使用自己的自由而对自由之果无所顾忌。当然,关于洛克重叠共识是否能够达成、是否有足够逻辑基础和道德支撑的争议也是非常激烈的。比如诺齐克就反对洛克的正义观。诺齐克认为,自由原则是至高无上的,分配正义没有道德基础。分配一词并非中性,持有才是。"在一个自由的社会里,广泛而不同的人们控制着各种资源,新的持有来自人们的自由交换和馈赠。"[2] 诺齐克将罗尔斯的分配正义转换为持有正义,这又回到个体正义的原则,并将其作为自由社会的权利基础。

基于各种道德假设和政治意愿的争论,对什么是共识恐怕难以达成更加令人信服的共识。这说明传统共识的"谈论"方式已经进入了死胡同。前文所述轴心时代的"金规则"是2000多年来人们形成的共识,对这一共识无论有多少种补充意见,都无法撼动其作为伦理学元命题的核心地位。然而,这一状况正在发生巨大的变化。变化的根源在于我们正遭遇一个巨变的时代,一个

---

[1] 罗尔斯著,何怀宏、何包钢、廖申白译:《正义论》,北京:中国社会科学出版社,2001年版。
[2] 诺齐克著,何怀宏译:《无政府、国家与乌托邦》,北京:中国社会科学出版社,1991年版,第150页。

是通过接近50亿网民、海量的数据、万物互联的可能性，以及智能装置的嵌入来表征的时代。

自苏格拉底以来，传统的西方学者将共识的达成视为理性思辨、理性对话的过程。比如哈贝马斯坚持认为，完全合乎理性标准的对话必定能产生一致认可的理解。中国学者赵汀阳指出，"哈贝马斯忽略了一个关键性问题，这就是，理解并不能保证接受"。"达成共识与合作的充分理由不是互相理解，而是互相接受"，互相接受超出了知识论和理性所能处理的范围。[1]

无论政治学者和社会学者对共识有多少种主张，有一点是共同的软肋，即共识如何度量？理解这一点，才能深入思考区块链共识的伟大意义。

如何度量共识即共识是否可以计算的问题。20世纪90年代以来，伴随信息技术的巨大挑战，国际哲学界提出了所谓"计算转向"的问题，这一转向对哲学、社会科学的影响透过近10年云计算、大数据、人工智能、虚拟现实、区块链的兴起，将通过计算建构共识提上了议事日程。[2]中科院自动化所研究员王飞跃指出："从技术本质而言，以AlphaGo为代表的人工智能方法之意义可用一个'AlphaGo Thesis'概之：AlphaGo展示了从牛顿

---

[1] 赵汀阳：《论道德金规则的最佳可能方案》，载《中国社会科学》，2005年第3期，第70页。

[2] 刘刚：《信息哲学的兴起与发展》，载《社会科学管理与评论》，2005年第2期，第74页。

的'大定律,小数据'技术范式向默顿的'大数据,小定律'技术范式转移的可行性。"[1]

共识之所以遭遇挑战,是因为社会经济政治文化活动的频度和复杂度增强,节奏加快,对共识的衡量超出了依靠传统经验能够驾驭的程度,从而失去了价值直觉。思想解放的直接后果就是多元价值观的涌现。多元价值观的直接遭遇使得价值冲突呈现悖论的场面。一方面多元价值主张的思想源头都可以追溯到彼此巧合的金规则;另一方面,附着在各自解释系统之下的价值伦理又异常庞杂,经常表现出尖锐对立,从而失去从容对话的共情基础。在这种情况下,一再地重申"金规则"的低阶共识,已经无法弥合巨大的认知差异和心灵震撼,共识升维的需要就自然涌现了。人类需要共识,金规则也不能轻率抛弃。但从哪里升维呢?可计算的共识或许是一条值得探究的出路。可计算的共识,正是区块链的意义所在。

区块链的共识机制不仅包括传统共识理论所言的"共同认可的信仰、共同信守的准则",也包括"接受结果"的思想和情感准备,同时将共识问题转化为计算问题。如何对待他人,最终要落实到如何采取行动上来。如何采取行动,又要转变对行动的认知。行动不是一劳永逸地、永久地改变,而是在变动中行动,在

---

[1] 王飞跃:《人工智能:第三轴心时代的来临》,载《文化纵横》,2017年12月,第94—100页。

摸索中矫正或调整自己对待他人的方式，以保持长程视角、广域开放视角中的"金规则"。

这其实是将传统静态的"金规则"（有限游戏），转换为更高阶位、动态、相互嵌入、相互缠绕的"金规则"（无限游戏）。然而，随之而来的一个问题是，计算下的共识是建立在"逻辑一致""道德共情"基础上的吗？或者说，如何理解"计算下的共识"？

区块链的共识是建立在计算基础上的，区块链共识的计算性又是纳入分布式网络环境中的。密码学和分布式计算环境使得共识不是价值判断，更不是道德判断，而是"无法确知的大多数人"原则。这个原则看上去依然是"旧规则"，但在数字环境、网络环境之下，它具有了全新的特点：其一，"己所不欲，勿施于人"的元命题转换为"人所不欲，勿施于人"，增加对他者接受的关切；其二，网络环境理论上确保"全连接"空间成为超越个体的"对话空间"；其三，区块链加密特征确保行为数据沉淀为价值判断的基本要素；其四，区块链分叉机制最大限度包容多元价值判断的可能性，生成平行区块链。王飞跃认为，区块链和分布式账本本质上是一种新型的数据结构和系统架构，能够实现去中心化、去信任、安全可靠地描述智能；而未来以虚实结合、人机混合为特征的智能系统和复杂社会系统更多是基于预测智能（predictive intelligence）和引导智能（prescriptive intelligence）的实验、分析与决策。[1] 这一思想承续了王飞跃2004年提出的频谱扩展（ACP）理论。[2]

可计算的区块链共识将对未来社会建构起到何种支撑作用？最近五年来，诸多区块链应用围绕数字货币、供应链金融、共享经济、知识产权等领域展开丰富多彩的探索。在笔者看来，这些探索无疑对加深区块链的社会意义有很好的启发作用。但值得注意的一个问题是，业已重新定义"共识"和"信任"的区块链，其社会价值仅仅是将传统工业社会的生产方式转换为更高交易效率、更低交易成本的形态，仅仅是从技术角度确保"避免数据造假""可信信息追溯"吗？问题的焦点恐怕需要回到这样一个基点：充分互联的社会环境下，社会财富增长的目的到底是什么？这就是下一个关键词——"知足社会"。

三、知足社会：从串行到并发

传统的农业社会和工业社会给人们带来一个很大的误区，就是哲学家杜威所说的"确定性的寻求"，或者叫"定数崇拜"。定数崇拜的根源是杜威所称的"人生活在危险的世界之中，便不得不寻求安全"。人类寻求安全的途径有二：一为祈祷、献祭、礼

---

[1] Wang Feiyue, "Parallel Blockchain: Concept, Techniques and Applications", paper delivered to The First International Symposium on Blockchain and Knowledge Automation, Denver, April 2-3, 2017.

[2] 王飞跃:《人工社会、计算实验、平行系统：关于复杂社会经济系统计算研究的讨论》，载《复杂系统与复杂性科学》，2004年第1期，第25—35页。

仪和巫祀，二则是艺术。通过对威胁其生命安全、决定其命运的各种力量的崇拜和变相"降服"，"人就从威胁着他的那些条件和力量本身中构成了一座堡垒"[1]。

从定数崇拜的视角看，轴心时代人们达成共识的办法是彼此说服或者彼此征服。因此建立在轴心时代"金规则"基础上的共识，也可称为确定性共识。

然而在互联网大行其道之后，共识本身发生了变化。变化的根由在于越来越广泛的连接——包括人与人、人与机器、机器与机器，使得确定性不再是整个世界得以构建的基础。或者说，世界无法仰仗逻辑推断、道德共情、政治哲学等将秩序建立在任何普世的共识之上。那么随之有两重衍生问题出现：一是更高层级、更具包容性的共识是什么样的？二是没有共识、多元价值的人类是否能和谐相处？对这两个问题的深入解析依然是当今复杂多变世界的核心困难之一。本节仅仅聚焦这样一个问题：未来基于新共识的社会形态将有哪些与以往不同的特征？

控制论创始人维纳在1950年出版的《人有人的用处：控制论与社会》中，转述19世纪英国诗人赫尔墨斯（Oliver Wendell Holmes）在长诗"神奇的单马车"（The Wonderful One-Hoss Shay）中的观点：真正好的马车，是这个马车坏掉的时候，所有的零件

---

[1] 约翰·杜威：《杜威全集》（第四卷），上海：华东师范大学出版社，2015年版，第3页。

都同时坏掉。一个轮子使用寿命将近时，车轮轴也不行了。这就是所谓的"恰当设计"——并不是说每一个环节都要设计得很棒，而是所有设计的匹配度极佳。[1]

区块链让这个社会不再追求 GDP 和单边经济增长，而是追求"刚刚好"，也就是达到某种程度时就能说"够了"。在这样一个知道"足够"的社会，人的创造力才能得到无穷的释放，才能进入艺术的、创新的氛围。在瑞典语中，有一个词语叫"*Lagom*"，中文翻译为"有度"，据说这一词语来自维京时代。众人围坐在桌边，桌子上有一大杯啤酒，足够每个人喝一点。"*Laget om*"这个词语就诞生了，意思是"轮流来"。演变至今就成为"*Lagom*"，并成为瑞典人日常生活中的口头禅。[2]

从这个意义上说，区块链让每一个人达成自己的"甜蜜三角"——所能、所愿和所为之间实现良好匹配，不再有所愿非所为、所能非所愿或者所为非所能的遗憾，而是尽快进入生命和生命共生演化的巨大网络之中，坦然地接受生命能量的相互支撑、流动，坦然地用自己的生命意愿去接触所有的生命意愿。

这听上去很浪漫，也很乌托邦。但回顾区块链的技术思想史，可以发现一个有趣的现象：区块链的奠基性技术（如时间

---

[1] 维纳著,陈步译:《人有人的用处——控制论与社会》,北京:商务印书馆,1978年版,第45页。

[2] 安妮·杜米佑:《有度:瑞典人为什么自在》,北京:中信出版社,2019年版,第12页。

戳、非对称加密、哈希函数、默克尔树、共识算法、分布式系统等）贯穿着某种自控制论、信息论诞生以来长达 70 年的思想主线，这一主线从战后重建、冷战，到 20 世纪 60 年代的披头士文化、反战思潮，以及后现代思潮、硅谷崛起、微电子革命、太空探索、第三次浪潮、新经济，还包括黑客运动、好莱坞科幻大片、阿帕网、赛博空间、赛博格、赛博朋克运动等等，构筑出某种特色鲜明的历史画面。

这幅画面从德国学者托马斯·瑞德的《机器崛起：遗失的控制论历史》一书中可见一斑。在这本书中提到的三则"宣言"就是极具代表性的文本。

第一个宣言是 1985 年加州大学圣克鲁兹大学哲学教授唐娜·J. 哈拉韦（Donna Haraway）在《社会主义评论》上发表的《赛博格宣言》（*A Cyborg Manifesto: Science, Technology, and Socialist-Feminism in the Late Twentieth Century*）。她认为，"一个赛博格就是一个生控体系统，是机器和有机体的一种组合，是社会现实，同时也是小说里虚构的生物"。她用 C3I（指挥、控制、通信与情报）这个著名的符号来说明现代战争是赛博格的狂欢，"我们都是赛博格"。

赛博格这个名词是纽约洛克兰德州立医院的医生纳森·克莱恩（Nathan Kline）和他的助手曼弗雷德·克莱因斯（Manfred Clynes）1960 年在《药物、太空和控制论：赛博格的进化》一文中杜撰的名词，这一名词在 1965 年被 D. S. Halacy 用作书名《赛博格》出版。

赛博格这个术语可以看作维纳的控制论"失控"的一个标志,也可以看作控制论思想超越工程技术,进入有机体生命世界,进入政治学、社会学、人类学领域的一个分水岭。在这一概念的催化之下,20世纪60年代涌现了大量新奇装备,包括即时感知设备、外骨骼系统、人机合体、增强触觉、头盔显示器、行走机器人等等。这一概念在当时的语境下被认为是尼采"超人"理念的觉醒,是机器的觉醒,是这样一种信念:人类进步不再被动地由生物进化所驱动,而是掌握在自己手中。

1965年,英国数学家欧文·古德(Irving Jack Good)认为,"人类的存亡取决于超级智能机的早期建设",1970年,科幻小说家弗诺·文奇(Vernor Vinge)将"智能大爆炸"命名为"奇点"[1]。

2005年,美国技术预言家库兹韦尔(Raymond Kurzweil)出版了《奇点临近》一书,并在2009年成立了奇点大学。他认为,到2045年"生物学意义上的人类将不复存在"。

可以说,赛博格这一概念是超越传统机械还原论的两分法思想的一个重要标志。一方面,对生命的理解不再局限在有机体,

---

[1] "奇点",大爆炸宇宙论所追溯的宇宙演化的起点。它具有一系列奇异的性质,无限大的物质密度,无限大的压力,无限弯曲的时空等。不少学者证明,在广义相对论的宇宙学中,"奇点"是不可避免的,均匀各向同性的宇宙是从"奇点"开始膨胀的。参见金炳华主编:《马克思主义哲学大辞典》,上海:上海辞书出版社,2003年版,第466页。

整个自然环境都是活的,是充满生机的。1968年,英国独立科学家、环保主义者詹姆斯·洛夫洛克(James Lovelock)和美国生物学家琳·马古利斯(Lynn Margulis)提出的盖娅理论充分体现了这一点。

第二个宣言是1988年蒂莫西·梅(Timothy May)发表的《加密无政府主义宣言》(*The Crypto Anarchist Manifesto*)。蒂莫西·梅的思想迄今仍可视为区块链"原教旨主义者"的精神教父。他认为技术将淘汰暴力、拆除知识资产的栅栏、打垮税收征管等等。伴随科技乌托邦主义[1]和反乌托邦主义的角力,出现了所谓"黑网",认为将权力托付给数字、主张完全匿名、无物理地址访问是为确保数字投票、数字现金、数字自由的权益。

这一背景不但与当时的微电脑技术联手,而且呼应1988年计算机病毒大爆发、1991年伊拉克战争的"沙漠风暴"行动,以及1993—1994年加密芯片的争议。1996年10月,跨国界网络入侵的"月光迷案"出现了大量激进的文化思潮,包括1996年约翰·巴洛(John Barlow,1947—2018)的《赛博空间独立宣言》(*A Declaration of the Independence of Cyberspace*)。

第三个宣言是《赛博空间独立宣言》。美国《连线》(*WIRED*)杂志2016年2月的一则评论指出,电子前哨基金会

---

[1] 乌托邦主义即空想社会主义,因16世纪英国早期空想社会主义者托马斯·莫尔的著作《乌托邦》而得名。参见李水海主编:《世界伦理道德辞典》,西安:陕西人民出版社,1990年版,第198—199页。

（EFF）的联合创始人约翰·巴洛在 1996 年 2 月 8 日发表的这份《赛博空间独立宣言》清晰地传递了一个信息：传统的政府再也无法统治互联网。

巴洛在宣言中告诉各国政府：政府在网络空间是不受欢迎的，政府对于网络空间没有主权。"我宣告，我们创建的全球社会空间，自然地不受你们强加给我们的独裁的束缚。你们没有任何道德权力统治我们，你们也没有任何强制办法让我们真的有理由惧怕。"

《连线》杂志的评论指出，在 20 年后的今天，我们却生活在一个日益"局域化"的互联网中，这包括美国国家安全局对美国本土和在全球范围内进行的大规模监视，以及美国 FBI 去"暗网"执法的时代。巴洛的独立宣言也被一些人视为早年第一波互联网泡沫时狂妄自大的产物；但报道中的巴洛本人仍然对 20 年前的独立宣言深信不疑。不管怎么说，在今天的大数据、云计算、人工智能、虚拟现实、区块链、物联网、脑机接口等等技术又迎来强劲爆发的年代，巴洛宣言中所触及的问题，其意义和价值并未消失。

了解这一技术思想的演变史，有助于理解区块链技术背后的思想意蕴。表面上看，黑客精神、极客精神崇尚代码、机器的根由，与其说是探索新世界、新物种的冲动，毋宁说是对旧世界、旧物种的极度失望。科技乌托邦主义宁愿将世界的主宰权交给机器，也不愿意交给政府或者宗教组织。在这个大背景之下，区块

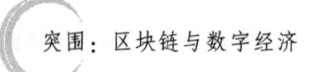

链思想的乌托邦色彩就昭然若揭了。

区块链试图编织一种庞大的"记录"网络，将人类的经济活动和社会活动都记录在案（技术的可行性暂且不论）。一旦记录在案，人的生存空间就由实体空间分化成多维的赛博空间。在这一虚实交织的世界里，整个世界的复杂性将急剧爆炸。过去的知识谱系无法支撑未来世界的运转。那么区块链的伟大意义就在于，它率先提出了"测量"的问题，即如何测量这个世界中所发生的一切"交易"？

互联世界的挑战用技术的语言说就是"并发"。我们用一个通俗的例子说明这一点。比如啤酒的生产与消费。从传统商业链条来看，一瓶啤酒的生产与消费是一个"串行"的过程。从物流角度看，啤酒从原材料采买到流水线罐装，再到批发零售，抵达终端消费者；从资金链角度看，消费者扫码支付的10块钱到了零售店小老板的口袋里，1个月之后，需要给上游批发商货款，批发商3个月之后给总代货款，总代半年之后给生产厂货款，这样一步一步地归集、交付。物流和资金流是逆向流动的，并且资金流永远滞后于物流，这是"串行"模式的特点。

这一简化的模型反映出工业时代的财富分配滞后于财富生产。经济学家和政治家们为此构建了财富分配的三阶段理论：财富的第一次分配是工资，第二次分配是税收，第三次分配是社会救助与公益慈善。这是理解区块链带来生产方式、分配方式变革的现实基础。在工业资本主义时代，财富的分配跟生产不但不同步，而且不对等。因此，马克思《资本论》分析资本主义生产关系时抽取出一个最重要的内核，就是剩余价值和劳动的异化。

每一位劳动参与者的财富分配过程都受制于这样一个滞后、错位的生产和分配网络，受制于这样一种串行的信息连接、传递方式，生产与分配的真实过程被严重掩盖。而区块链能够非常巧妙地解决这个问题，因其具备重新看待生产-分配网络的技术基础。

当消费者、零售商、批发商、生产商等所有供应链环节都处于同一个区块链网络的时候，这瓶啤酒是怎么消费的呢？消费者扫码支付的10元钱并没有进入小老板的口袋，而是立刻分解成100个支付项：瓶子盖0.2元钱，瓶子0.5元钱，瓶子上刷的商标0.38元，瓶子里灌的饮料2.5元，瓶子上分摊的运输成本0.32元，瓶子上分摊的资金成本、银行利息0.28元……这个瓶子上凝结的物化劳动和物料成本瞬间被分解成100个碎片化的支付项，并且瞬间可以抵达财富分配的终点。这才是区块链的魅力所在。

传统商业社会的理论基础是建立在信息不对称、存在交易成本假设的基础之上。并且因为缺乏相应的技术手段，这些理论无法从技术上建构一个"并发"的世界图景，只能将世界运转的基础建立在制度建设、治理体系、产业政策、货币政策等的基础上。未来的世界是建立在"万物互联"的假设基础之上，区块链为这个万物互联的世界提供了一个强有力的支撑：将经济行为、社会交往行为奠基在一个孪生、并发的巨大网络中。一切并发的交易在理论上都可能被记录、被归集、被计算、被连接,成为物理世界无所不在的数字"孪生世界"。这幅画面的深远意义在于:传统的生产、分配网络是以先生产、后消费、再分配的串行逻辑运转的,而奠基于区块链网络的新生产、分配网络则是以边生产、边消费、边分配的并发逻辑运转的。这是一场史诗般的伟大变革。区块链成为构建新生产关系的重要基础设施。

这样并发的生产和分配图景如何导致一个"知足社会"图景需要从资源消耗总量的角度加以解释。人的基本需求也就是人一生中消耗的资源总量其实是一定的。而今天的社会生产已经远远超过基本生存所需,只不过过去社会运转逻辑所依赖的经济学基本假设是建立在"稀缺""自私"等概念之上的,再加上轴心时代"金规则"的价值观,使得今日世界依然是零和博弈的世界。这依然是一个占有的社会。重新思考这些假设,对认识万物互联的未来图景富有启发意义。

在区块链产生以前,第一次、第二次、第三次工业革命都在提高生产效率,但在第四次工业革命时,问题的焦点发生变化,公平取代生产日益成为新政治经济学的核心问题。研究贫困问题的经济学家阿马蒂亚·森认为,今天的矛盾焦点并不是无法生产出足够的生活必需品，而是已经生产出来的生活资料的分配问题。[1]

所以区块链的经济思想和社会价值可以总结为：马克思曾经预言过的"自由人的自由联合"已经通过互联网真实地出现在地平线上；人的劳动和财富创造之间的物化关系日益解耦；创造和创新成为日常生活的必要组成部分；生产活动和价值分配的权利第一次有了完整统一的可能，这个统一的基础，就是区块链。

---

[1] 阿马蒂亚·森著,王宇、王文玉译:《贫困与饥荒》,北京:商务印书馆,2001年版。

区块链变革的经济学逻辑：
兼谈数字经济学理论的价值与意义

刘志毅[*]

回顾 2021 年，区块链产业继续深入发展，在监管和应用方面均实现重大突破，在与之相关的非同质化通证（NFT）、元宇宙以及央行数字货币方面均有爆发。根据知名技术评级机构 Gartner 发表的《2021 中国 ICT 技术成熟度曲线报告》，当前中国区块链技术即将完成从"泡沫破裂低谷期"向"稳步爬升复苏期"转变的进程。最重要的是，区块链技术正在逐步通过抽象层的封装，以及和其他技术的融合，实现"价值物联网"的作用。这是区块链成为数字经济发展"新基建"的重要基础，意味着区块链开始进入生产成熟期，有望在更广泛的场景中得到成熟和有效应用。

事实上，今天我们看到的关于区块链技术带来的革命只是冰

---

[*] 刘志毅，数字经济学家，同济大学人工智能与区块链智能实验室（AIBI）研究员，上海交大安泰 AI 与营销研究中心特聘研究员。

山一角，现有的产业格局正方兴未艾。因此，我们更需要关注的是区块链技术带来的长期价值，尤其是给数字经济领域带来的基础性变化。鉴于短周期内大多数区块链领域的发展和真正有价值的长周期路径演变是不一致的，因此唯有先解决商业思想的变革和启蒙问题，才能真正理解我们正处于什么样的关键时刻，才能真正意识到区块链的价值以及理解区块链技术的意义，才能实现所谓"区块链突围"，其中的关键思路就是从经济学视角，更准确地说，是从数字经济学理论视角分析区块链对数字经济发展的长远意义，即区块链技术是新的"数字启蒙运动"的关键部分。以下将从商业认知启蒙、经济秩序启蒙以及制度契约启蒙3个部分讨论这个命题。

一、商业认识启蒙

第一部分主要从区块链本身属性来探讨以下几个问题：区块链带来的商业变革所基于的技术特质、这些特质相较于传统技术范式的不同之处，以及解决了哪些以往信息技术不能解决的问题。正如布莱恩·阿瑟所说，经济就是技术的一种表达，要讨论区块链经济，就不得不讨论区块链技术的实质。

第一个特质是区块链构建的分布式网络实现了网络化效应的构建，解决了点对点通信的问题。实际上，点对点技术在互联网中早有应用，只不过区块链实现了彻底的去中心化，并将价格和金融要素放在网络中流通，而互联网在过去20年则越来越中心化。换言之,区块链构建的去中心化网络是互联网在越来越中心化之后的一次自我纠偏,也是对20年前尼葛洛庞帝所预言的数字化生存世界的显现。简单说来,也就是从区块链技术诞生开始,信息技术才真正推动大规模数字化迁徙运动,人类社会才真正开启从物理空间走向信息空间的大门。

第二个特质是区块链在分布式网络基础上以非对称加密的方式构建了分布式账本,实现了商业历史上的重大跃迁。从复式记账到分布式记账的变化就是以资本为核心的工业经济向以价值为核心的比特经济的转变。如果说复式记账相对流水记账是工业革命相对农业革命的一次变革,那么分布式记账则是信息革命相对工业革命的再一次变革。通过对信息的全息记录以及在记账过程中采用去中心化组织的方式形成交易主体,网络中终于实现了以算法为核心信息技术的商业契约和市场机制,真正实现了零交易成本及完整的网络效应,这就是"网络是完整的市场,而市场是残缺的网络"的概念。交易费用的产生是因为市场的企业主体间存在较高的信任成本,而区块链能够解决信任成本问题。

第三个特质是区块链基于共识算法和智能合约产生了数字货币机制,或者叫通证机制。目前,大多数通证经济的核心将重点放在数字资产证券化上,也就是所谓的交易所上市过程,但这个逻辑并不完整,因为通证交易所上市的只不过是数字资产的证券,跟企业提供的产品和服务没有直接联系。区块链经济的变革核心应在于以通证为核心建立一种基于使用权而非拥有权的产权机制,换言之,在区块链时代,以使用权为核心的共享经济将成为真正的主体。

简言之,区块链商业变革的核心就是通过去中心化的方式去中介,从而实现信息经济的真正变革,构建基于使用权的数字经济生态的技术基础。值得注意的是,由于区块链技术本来就是技术组合演化的产物,所以等到区块链得以真正成熟应用时,可能会以更加复杂的范式呈现,而非以当前的技术形态。

二、经济秩序启蒙

第二部分是关于区块链技术带来的经济秩序启蒙,即对新的经济学范式的启蒙。

这里首先梳理数字经济学范式与新古典经济学和奥地利经济学这两个传统经济学框架的异同,并就数字经济学相对传统经济学的理论范式转移提出关键要点。以下主要讨论3种不同经济范式的基本逻辑。

1. 新古典经济学范式

经济学是观察人类经济行为的科学,关于人的经济行为假定是经济学理论分析的逻辑起点。新古典经济学的假定是理性人假定或经纪人假定,也就是假定人的自私性是所有行为的前提,这是由亚当·斯密思想推导出来的经济学最重要假定之一。其主要包含三层含义:第一,追求自身利益是经济行为的根本动机。第二,理性经济人能够根据外部市场和自身利益作出判断,以最大化个人私利。第三，经济人追求个人利益的最大化行动会无意识地增加整体社会的公共利益。

基于经济人假定，新古典经济学运用边际分析和一般均衡理论对经济人的核心思想进行严格的、形式化的证明和理论抽象，并为经济人的理性赋予成本收益计算的理论含义，从而构建了以数理经济学为核心的主流经济学发展路径。事实上，这个假定以及接下来的理论推导存在明显缺陷，因为新古典经济学将个体的工具理性作为核心而否定其价值理性，将个体看作经济增长的机器，因此忽视了个体行为的目的和动机，对行为约束和行为过程缺乏解释，也就显示出比较明显的缺陷。

2. 奥地利经济学范式

奥地利经济学派将经济行为的研究重心放在个体上，从个体人的行为出发思考经济问题，提出基于人类行动学和主观价值论的假设。与此同时，奥地利经济学派强调主观主义，即行为价值是主观的，而非商品固有属性；强调企业家精神，以"人具有创造性"这一假设作为理论的基本出发点；强调"市场过程"学说，而非市场均衡学说。如米塞斯本人所言，奥地利经济学派之所以不朽，在于它是"行动"的经济学而非"均衡"的经济学。简言之，奥地利经济学派采用的是"行动人"假设，也就是假设人是有主观价值和创造性的，因此其经济理论与新古典经济学派有着非常大的差异。新古典经济学关注个体或者国家的效用最大化，比如宏观经济学关注国家的效用最大化，微观经济学关注生产者和消费者的效用最大化。而奥地利经济学派关注的是行动人之间的协调，认为经济学是一个秩序问题。奥地利经济学派将人的行为分为有意识的和无意识的，其关注核心是无意识的结果。因此奥地利经济学派的核心在于行为、协调和制度的研究，发展出行为经济学的基本逻辑。奥地利经济学派的逻辑缺陷在于不关心人类行为的动机和目的，只关注人类行动的结果，这导致奥地利经济学派忽视应用、追求逻辑自洽以及彻底忽视数学使用。因此，奥地利经济学派的进步性体现在其能够着眼于个体的复杂性问题，但是并没有解决关系的复杂性问题，而这是我们在价值网络理论里面讨论的核心内容。

3. 数字经济学范式

数字经济学更偏向于奥地利经济学派关于个体行为的假设，不过需要补充的是，数字经济学中关于人的假设强调的是基于合作的经济人的假设，也就是人与人之间通过协作来完成互利的行为。一方面采用了新古典经济学汇总关于自利和经济人的特质，正因为在"自私的基因"作用下，人们的行为有了动机。另一方面，这些动机产生的后果又不完全是自私的，是通过互助协作产生的。这个假设不仅保留了关于"自私"个体的经济学假设，同时又通过行为之间的协作来对其中的不足进行弥补，实现了自利和互助之间的和谐统一、目的和约束手段的统一，以及在行为过程中动机和结果的统一。因此，通过将人的自私理性和人的社会学属性结合在一起进行讨论，数字经济学研究的是在约束条件下如何通过互相协作进行参与、合作、共享以及秩序构建，其核心是基于互利协作的经济学秩序和结果的研究，并不排除数学工具和思想的应用。

总而言之，新古典经济学关注的是理性人假设下约束条件的配置，追求个体和组织的效用最大化，因此发展出一整套严格的形式化的经济学，具备较好的实践特征，但其忽视个体价值和相互协作，以及过度工具理性的思维构成其局限性。奥地利经济学派则提出了一系列基于人的行为和主观价值理论的经济学思想，这些思想演化成了行为经济学等理论，然而奥地利经济学派完全不关注数学工具以及人与人之间的关系，导致其在实践层面的作用较为局限。而数字经济学则采纳了二者各自的长处，通过"自私理性的个体"间"互利协作"作为经济学研究的假设，一方面关注自私个体的工具理性，另一方面关注个体行为下的互利协作机制，这是一条基于数字经济研究比较合适的经济学假设。简而言之，数字经济学建立了一种以自私假设和资源稀缺为前提，以相互协作为主要手段实现个人主观价值，在市场过程中探讨动态均衡的理论。在实践层面，这一学术体系的价值在于：

第一，关注企业家个体的作用，认为企业家的创新精神是经济得以发展的基石。

第二，关注人性自私及互相协作的逻辑相容，正因为人性自私，个体才会为更大的利益放弃短视行为，从而促成合作。

第三，以动态不连续的均衡理论替代静态的均衡理论，因此可以利用数学工具进行演算和实践。

三、制度契约启蒙

第三部分是关于经济活动的价值理论和制度契约，也就是区块链技术的制度契约启蒙。这一部分主要关注数字经济学建立的价值理论与传统经济学价值理论的区别。

首先是关于价值理论的变化。经济学主要关注两种基本关系：人与自然的关系，也就是物质生产活动；人与人的关系，也就是社会交往行为。这两个基本关系发生在经济行为的同一个过程中。新古典经济学侧重人与物的关系，因此把经济学变成了资源配置的学问；制度经济学和政治经济学则关注人与人之间的关系，因此在经济学中发展出制度分析和产权理论等重点。因此，数字经济学的重要进展在于既关注物质生产，也关注人与人之间的关系，这也是数字经济学中同时讨论资本和生产理论以及政治经济学的原因。

价值理论体现了上述两种关系：人与自然的关系也就是财富的产生；人与人的关系也就是财富的主体属性。迄今为止，经济学中的两大价值理论是劳动价值论与效用价值论，前者是古典经济学和马克思主义经济学的价值论，后者是新古典经济学（包括新制度经济学）和奥地利经济学的价值论。劳动价值论是从供给和成本角度讨论价值的客观价值论，认为价值反映人与人的关系以及财富的主体属性，不涉及人与自然的关系和财富的客体属性，这样就缺失了资源使用的价值，只剩下资源占有或者不占有的价值。效用价值论则认为价值是人们对使用或者消费商品的主观感受和判断，并不包含客观因素，因此价值理论出现了内部逻辑冲突，混淆了使用价值和拥有价值。

上述两个理论都是基于拥有的价值理论，但是都没有关注使用价值，而数字经济学关注的是以使用为基础的价值理论，认为"使用而非拥有"是数字经济的本质，也是共享经济备受关注的原因。如此，价值理论至少包含3个基本逻辑：

第一，商品具备物质层面的使用价值。

第二，商品本身的价值得到认可。

第三，人的目的的价值在使用过程中得到了体现。

如果说农业经济时代的思想关注第一种价值，工业经济时代关注第二种价值，那么数字经济时代则在前面二者的基础上，又叠加了一层价值属性。

然后来看产权理论。工业经济时代的产权理论成果非常丰富，包括企业的契约理论、交易费用经济学理论、代理理论、企业的企业家理论、不完全合约理论等。不过，现有产权理论和合约理论都是以拥有权为中心、以权利归属为主导的，而权利归属在本质上是一种封闭性安排。在现代股份制企业中，股东拥有财产权，这种拥有权以股票为载体，变成股权。这不是对实物资产的拥有，而是一种符号权利。简言之，基于企业组织的产权理论，工业经济的产权是以拥有权为主导的。

而数字经济学中的产权理论是基于智能合约、以共享经济为主、以使用为核心的产权关系。而这种产权关系得以成立的原因有3个：

第一，数字经济使得所有的客观经济对象以数字和比特的方式存在，摆脱了具体实际物体的限制，从而创造出了一种基于体验和服务的经济模式，这种经济模式的核心是使用。

第二，由于数据或者比特的边际成本为零，因此具有强大的网络效应，这种网络效应带有垄断特质，因此形成了以平台和生态为主题的网络组织，这种组织的核心就是通过开放使用权来扩展内在生态。

第三，数字经济学的核心主体是去中心化的网络组织而非企业，因此使用权相比所有权更具备价值。网络中的去中心化组织通过技术契约以零交易费用快速进行交易，使网络中的每个节点都能获得服务，是数字经济运行的基本逻辑。

以上3个方向的启蒙就是区块链技术突围的关键，即商业认知启蒙、经济秩序启蒙及制度契约启蒙。一个技术如果能够对当下科技创新和商业变革的基本逻辑产生深刻影响，那么它的意义就并非仅限于当代，而我正在构建的数字经济学理论，可以说在很大程度上受到了这项技术的影响。因此，本文最后要讨论区块链技术给数字经济学增长理论带来的一些思考，以探讨在脱离了技术范式后，这个理论本身在学理上的实践价值，这也是对"数字经济学理论的价值与意义"的初步探讨。事实上，数字经济的

高速增长既带有传统经济增长的特点,也带有其本身的特性,这为研究数字经济增长提供了新的思路:

一方面,要继承传统经济增长理论中的基本框架和观念,也就是将经济产出与劳动力和资本的规模、生产率等要素挂钩,形成理解经济增长的基本框架;另一方面,要看到数字经济尤其是网络经济形态的差异性,通过复杂性和异质化的经济效用研究模型探讨网络经济增长的内在逻辑(由于篇幅所限,本文将数字经济等同于信息经济,尤其以研究信息经济中网络经济的特质为主,这里的网络并不只是指互联网,而是指形成社会网络的经济形态)。这里探讨2个基本方法论:

第一,探讨数字经济学结构范式的演进逻辑,提出基于网络的经济才是更一般性范式的假设。

第二,提出经济增长演进的异质性问题,也就是数字经济增长受到更复杂要素的影响。

这2个方面的讨论能基本明确为什么数字经济学可以理解为更具一般性、解释力和扩散性框架的问题。

传统经济学观点认为数字经济、互联网经济都属于特殊的经济发展现象。也就是说,传统经济学用原子的观点看待世界,将经济现象视为原子的静态发展现象,其对应的观察视角是单一的、静态的视角,称为"基于牛顿力学的经济学理论"。而数字经济学将经济现象理解为一种网络现象,互联网、数字经济、区块链经济等,都是越来越一般化的经济现象而非特殊的经济现象。也就是说，传统经济是局部的、残缺的网络经济，而互联网及区块链经济则是更加完善的网络经济现象。

数字经济学的理论认为，不仅互联网是网络，一切经济现象都是网络。这一观点可以从3个角度去理解：第一，经济学被认为是社会学的"皇冠"（可以理解为经济学是全部社会学理论的精华），而社会本身就是由不同人群所组成的复杂网络，因此数字经济学是从结构维度看待人类的行为和经济现象，比现有的传统经济学具备更高的格局。第二，数字经济学基于网络经济的逻辑建立了一种量子思维的波粒二象性，使我们看待经济学的维度得到了扩展，能看到经济学中既有合作的一面也有自私的一面（这就可以解释亚当·斯密的人性自私所造成的互助合作现象），既有节点的独立性也有相互作用的一面（这就可以解释区块链经济中社群组织的双重结构理论）。第三，数字经济学所构建的网络经济的逻辑是一种有机的、动态的理论，因此能够在以自利为核心的传统经济学理论之上，推出合作的网络如何产生更大收益的经济理论。由此得到的结论并不局限于传统经济学的"自私以利他"的结构，而是对互利及互利形成的社群所带来的经济现象的解释。

在拥有权主导的工业经济中，租借形成的关系是立足于拥有权来考察的，而在使用权主导的数字经济中，由于借用的标的物并不是货币或实物资产，而是数字资产，那么，基于利息的资本问题就转化为如何通过分享获得租值的问题。

传统的制度经济学理论认为完善的市场是不会发生租值消散问题的,只是由于现行制度安排的影响和限制,拥有者应当得到而没有得到这部分租值,因而导致租值消散。可见,租值消散仍然是基于拥有权来讨论的。换句话说,传统制度经济学关注的是物有所值,而不是物有所用。如果不是从拥有权主导的角度来观察问题,而是从使用权角度来考察,那么,就不存在租值消散的问题,而是产生租值聚集的问题。正因为如此,数字经济学提供的租值理论能够最大程度地创造基于共享的经济模式,而非基于拥有的模式,从而彻底解决收入分配等问题。

简言之,如果把使用权作为区块链经济的核心,那么就会同时产生3个正向效果:

第一,经济增长方面,不会再以数量为唯一指标而是真正强调满足每个个体的价值需求。

第二,个体价值方面,每个人都会基于个人的主观价值作出选择和决策,异质化的资本效应得以体现。

第三,收入分配方面,以使用权而非拥有权为核心能够大大降低因收入分配问题带来的冲突和不稳定。

现代西方经济学实际上是在启蒙运动和理性思维的基础上发展出来的经济学理论,而数字经济学是以结构理性为核心的经济学理论,因此其对经济发展过程的理解就是基于结构的演变现象,这样的视角能够更好地把握经济发展的基本逻辑。比如,数字经济学的主体是网络社群,具备更好更完整的结构性,因此相对于企业组织的特点（企业组织越复杂，交易成本越高），网络社群则是复杂性越高，交易成本越低。传统经济学中探讨企业何以可能，核心在于通过分工提升效率，但同时却增加了企业的复杂性，提高了企业内部的交易费用。而对于网络社群来说，则是复杂性越高，交易成本越低，同时也满足了分工专业性的要求。

因此，就像科斯提出的企业何以可能的问题，数字经济学基于网络视角看待社群组织时也需要回答一个问题：网络为什么能够降低交易费用？简言之，基于共识的社群网络用一个连续的、低摩擦的短期契约，替代了市场和企业提供的长期契约，其内在逻辑是共识社群网络通过技术契约的方式建立了基于共识的信用，在这样的信用网络中实现了资源配置的高效率，超越了传统经济学中市场和企业的配置效率，因此基于网络结构的主体——社群，就具备了企业和市场的双重特性，从而形成了双重架构，同时具备了多样性效率和专业化效率，而这样的网络具备的是报酬递增的可能性，这就是数字经济学增长理论的新视角。

本文从更加深刻和广泛的范围去思考区块链突围这个命题，从数字经济学角度对技术的影响作出回答。如果说以互联网为代表的数字经济提出了纯粹的数字经济领域的关键问题（如"平台与生态"等），那么，区块链技术则通过与其他技术融合提出了智能经济时代的经济问题，即价值、信息、秩序与共识。2021年是区块链变革的开端，也是数字经济时代商业启蒙运动的开端，而数字经济学正试图在商业启蒙运动中探索出一整套适合数字经济时代的经济学逻辑，为企业家和创新者提供思想给养，期待数字经济启蒙运动能够得到长足发展。

区块链与数字经济时代的法律变革畅想[*]

樊晓娟[**]

区块链作为数字经济时代的重要新型基础设施之一，与人工智能、大数据、云计算、物联网等创新科技一起逐步形成了数字经济时代的技术基础，在全世界范围内都取得了长足的发展。

区块链因其鲜明的技术特性越发受到广泛的重视与应用。一是去中心化，区块链采用分布式记录和存储，不需要中心化的主体来进行主导或指挥。二是创造信用，所有节点上的信息链式相连、同步记录，形成全链共识，链上信息难以被篡改。基于前述特点，区块链上的参与者之间可以依赖于机器信任，而非身份关系所产生的信任，从而降低了信任成本，拓宽了合作对象的范围。三是社区性，区块链参与者共同参与区块链运营的典型形态，成员之间平等互利、价值共生、资源共享。

---

[*] 本文旨在畅想数字经济时代区块链应用带来的法律变革与创新，不构成对具体法律进行分析研究和判断的任何成果，亦不作为对读者提供的任何建议或提供建议的任何基础。作者在此明确声明不对依据本文采取的任何作为或不作为承担责任。

[**] 樊晓娟，中伦律师事务所合伙人、律师。

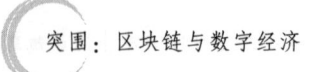

本文将结合区块链上述技术特性，畅想数字经济时代区块链广泛应用带来的法律变革与创新。

一、区块链组织——重塑组织形式

（一）协作模式的探索

《圣经》中记载了巴别塔的传说。人类曾决心要共同建造一座通天高塔，由于人们都讲同一种语言，齐心协力，高塔很快直插云霄，此事惊动了上帝。上帝改变了人类的语言，使他们语言不通无法协作，最终人们不得不停工了。传说只是传说，但是从传说可以看到的是人类需要协作，协作可以帮助人类实现最大化价值创造。

协作的基础是互助和信任，协作者之间互相信任、互相帮助，从而共同创造价值；协作的驱动力是价值共生，通过协作实现利己和利他，方为可持续的协作模式。

从部落到城邦，从家庭作坊到跨国企业，都是人类在对协作模式锲而不舍地探索和追求过程中形成的组织形式。在区块链技术诞生前，虽然各种组织形式百花齐放，但由于中心化和垂直架构的共同特点，既有组织形式都有着不可避免的痛点，例如公平与民主的缺失、高昂的信任成本、激励机制的失效等。

在自上而下的组织结构中，组织的运营全面依赖并服从中心的决策。在组织内部，中心意味着权威和公信力，但也意味着牺牲民主，或牺牲少数人利益。由于缺乏信任机制，人与人之间开展协作要么以身份作为纽带，限制协作者的准入；要么花费高昂代价进行调查研究或寻求第三方担保。进一步而言，由于缺乏简明高效的激励机制，当组织成员认为其贡献仅能利他而鲜少利己时，组织的资源配置就会失效。

(二) 去中心化思维下的区块链组织

1. 扁平化的治理结构

有别于既有组织形式自上而下的中心化结构，区块链组织的协作模式更加简洁，每一个人都由一串编码代替，成员聚合在一起不再需要身份关系作为纽带，也不需要借助第三方担保，甚至无需知道对方的姓名。每一个成员都可能在组织中扮演决策者、执行者、消费者的角色。组织成员没有员工的概念，互相之间不构成雇佣关系，取而代之的是平等协作关系。

例如，在去中心化平台上，项目团队、研发人员、节点、用户都可以被理解为是组织的成员，他们以不同方式向组织作贡献，包括平台维护、去中心化应用程序（DAPP）研发等。区块链组织内部将形成一个数字化生态系统，建立相对的供求关系闭环，即某一类产品或服务的供应和消费需求在区块链组织内部完成，无需完全依赖外部需求的特点。

2. 灵活公平的激励机制

由于区块链项目中通证经济的存在，使得通证天然成为区块链组织的激励工具。持币的成员可以期待未来特定通证公开流通时，赚取特定通证增值利益和转让差价。特定通证的增值也依赖于成员共同努力促进平台发展，提高特定通证的使用价值和公众认可度。

以YouNow项目为例，YouNow及其子公司将共计1.78亿个Props Token分发给Props Live Video App的用户、验证节点人员（Validator）及研发人员，持有人可以期待从Props Token在公开市场流通的增值中获益。

（三）法律责任的思考

由于区块链组织去中心化的治理结构，以及无地域限制的组成模式，使得区块链组织的法律责任承担成为一个全新命题。以下将尝试从责任主体、责任范围、承担方式、管辖及执行等方面分析与区块链组织相关的法律问题。

1. 区块链组织的主体资格

虽然肉眼无法看见区块链组织的物理存在，但作为一个有实际运营的组织，探讨其主体资格非常有必要。现实中，大部分法域的现行法律框架都没有把区块链组织作为独立主体赋予其法律人格。但笔者认为这个问题值得深思。

从法律人格角度而言，区块链组织本身是虚拟组织，是一群成员基于预先设置的规则和区块链技术，在互联网上共同参与某项或某系列活动的集合。但是，本文认为，区块链组织可以被认为是一个社会团体，如果满足下列条件，可以被赋予法律人格：

一是集中意志：区块链组织是全体成员的集合，通过共同制定的组织规则反映成员们的集中意志。

二是组织机构：区块链组织可以设置一系列的组织机构，包括权力机构、管理机构等维护组织的运行。

三是共同利益：区块链组织的全体成员有共同的经济利益。一般而言，全体成员都持有同一种特定通证，该通证的增值意味着成员财产的增值。而特定通证的增值则来源于全体成员的共同努力。

四是自有财产：投入用于链及该组织运营发展的财产应当被认为是全体成员共同拥有的财产。该组织有能力以自身的财产对外承担责任。

美国怀俄明州在2021年4月通过了关于非中心化自治组织（DAO）的立法。这项法案将允许该州自2021年7月7日起将DAO确认为有限责任公司（LLC）。我国可在满足上述条件的情况下完善立法，出台相应组织法，就区块链组织登记为法人作出相应规定，并且设定相应的登记机构或登记方法。

2. 法律责任的范围和形式

（1）责任范围

区块链组织的存续和运营仍适用现行法律框架，也与现实世界不可分割，所以本文在分析法律责任时暂且借鉴现行法律观念中的法律责任分类。现行法律观念中，法律责任通常可以分为三

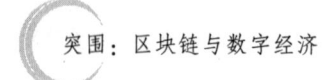

大类，刑事责任、民事责任和行政责任。

就刑事责任而言，如果区块链上的活动涉嫌犯罪，例如，利用首次代币发行（ICO）实施非法集资、诈骗等犯罪行为的，相关人员仍会在现实世界被依法追究刑事责任。

就行政责任而言，违法开展基于区块链和创新技术的活动，也会被行政机关追究责任。例如，依据相关法律，从事的业务需要特别经营许可的，如果违法经营，会被处以罚款、停止经营等相应处罚。

对于大部分区块链组织及其成员来说，遇到最多的还是民事责任。例如，在区块链组织的交易中发生违约、履行不能等情形，就会产生相应民事责任。基本原则是区块链组织及其成员应当按照各自所适用的法律承担相应民事责任。

区块链组织中，投资者来源分散，权利义务的承担权重不同。因此，不同投资者的法律责任界定也有所区别。管理投资者通常指项目的创始团队和主要经营管理团队，如YouNow项目中的YouNow. Inc和Blockstack项目中Blockstack PBC。他们在区块链组织初始阶段中主要承担项目发起、组织、经营管理等职责，持有更多通证，同时享有更多决策权。在此情况下，他们的行为将对区块链组织运行、组织内其他成员利益等产生更大影响。所以，他们除了在出资额范围内就其经营管理区块链项目对内对外承担法律责任外，还应当就其故意或重大过失向其他成员承担一定的民事赔偿责任。

除管理投资者外，区块链组织中还有相当一部分中小投资者，他们可凭其持有的特定通证享有分红权，但决策和经营管理权非常有限，通常没有重大影响力。本着权利义务对等的原则，或可将中小投资者的个人其他财产与其在区块链组织中的投资份额隔离开来，允许中小投资者以其出资额为限承担有限责任。

当然，在实践中，每一个区块链组织都有各自的运营模式和特点，需要结合实际情况进行制度设计，适当分配不同成员之间的权利义务，方才最有利于该区块链组织的长足发展。

（2）责任承担方式

如果在区块链组织中发生需要承担法律责任的情形，相关主体应当如何承担责任，又如何确保法律责任会被承担呢？

人们可以为区块链组织和区块链项目运行设计一套严格的制度，以确保区块链项目有序运行。在区块链项目中，有相当一部分活动是自动化运行的，而自动化运行的部分依赖于智能合约的自动执行和其他计算机程序的安全运行。当然，制度执行还需要每一个节点硬件设备能够稳定、可靠地工作，以提供硬件保障。

例如，Jur AG 公司在其上线的 JUR 项目中采用了权益质押机制（Staking）[1]。法律合约模板提供者必须质押 JUR 通证。在创建这些模板之后，将会接受一个去中心化的同业评审系统审核。

---

[1] 权益质押机制（Staking）指通证持有者将通证质押，用于担保其诚信参与区块链组织活动和能够承担相应法律责任。

根据同业评审系统的评价，这些模板创建人将会得到或者损失质押的 JUR 通证。

除了机制设置外，作为法律责任的承担方式，如何确保责任方在无力承担责任的情况下，被侵害方仍能得到救济呢？强制责任保险是个可供考虑的选项。强制责任保险在线下世界的典型例子是机动车交通事故责任强制保险。

强制要求数字资产证券交易、托管机构和其他高风险的区块链活动参与主体投保特定的保险，以确保当欺诈行为或意外事件引发重大损失时，可以避免义务方可能出现的偿债能力不足问题，确保受损方能够得到足额的赔偿，这对于链上法律责任的有效承担将会是重大利好。当然，这类强制保险是否会有保险公司愿意承保并实现也有待探索。

3. 管辖权及强制执行的局限性

既有组织通常会有一个注册地址或者主要经营地，并接受当地的司法或行政管辖。与现行组织不同，区块链组织在链上运行，并无有形的办公地址，且具有区块链技术采用分布式记账并结合智能合约、通过计算机代码运行等特点，因此，区块链组织的运行无处不在，是遍布全球的区块链节点。在此情况下，没有哪一个法域的法院或政府有如此广泛的管辖权，可以全面管辖到每个节点。为满足监管需要，未来或许可以通过国际组织的协调，允许区块链组织选择一个法域，向该法域的登记机关注册，接受该法域监管机关的管辖。

即使法院或仲裁机关取得了管辖权，针对某个区块链组织作出了裁决，结果也很可能无法强制执行。由于区块链组织通过区块链上的计算机代码运行，法院、仲裁机关或执行机关很可能没有能力去修改或终止区块链上计算机代码的运行，从而无法实现裁决的强制执行。同理，政府的监管机构即使发现了区块链上某一区块链组织从事非法活动，或许可以对从事非法活动的自然人进行处理，但很难直接终止该区块链组织的自动运行。

二、数字技术——重建交易模式

区块链技术去中心化的特点，使得部署于区块链的智能合约的信任问题得以解决。因此，借助智能合约本身的自动化运行能力，部署于区块链的智能合约，以及其配套的基于人工智能的算法和自动化决策机制，将重建交易模式，使得高效、安全的自动化交易成为人类交易的主要模式之一。

（一）智能合约

1. 智能合约的应用

智能合约因区块链技术的诞生而声名鹊起，很显然，链上世界是最适合智能合约大放异彩的场景。

（1）虚拟货币的转移

人们可以借助智能合约方便地完成虚拟货币的转移、交易。

以比特币与泰达币（USDT）[1] 兑换为例，借助部署在链上的智能合约，当卖方收到相应 USDT 对价时，可以自动将自己钱包中的比特币转移到买方的钱包中，基于区块链的特性，这类比特币的交易过程不会受到任何干扰。

（2）保险理赔

传统的保险业中理赔流程的复杂程度让人望而却步。Tezos 区块链推出了一款名为 TezSure 的去中心化应用（Decentralized Application，Dapp），旨在简化保险理赔流程，节约管理费用。通过 TezSure，保险公司可以创建智能合约形式的保险产品，然后将保险费用自动转移到保险资金池中等待索赔。一旦智能合约中的索赔条件成就，智能合约将直接按照其中的约定从保险资金池中向受益人支付款项。

（3）司法存证

2018 年 9 月，杭州互联网法院司法区块链正式上线，其通过智能合约的应用，实现网络行为"自愿签约—自动履行—履行不能智能立案—智能审判—智能执行"的全流程闭环，高效处理少数违约行为。智能合约的应用使得交易各方所有的协商、签署、履行、纠纷等过程都将一字不漏且无法篡改地被记录在司法区块链上，相关数据直接进入司法区块链存证，极大地提高了法院的

---

[1] USDT 是一种将加密币与法定货币美元挂钩的虚拟货币，由 Tether 公司推出。

诉讼效率。

2. 智能合约法律性质

法律意义上的合同指的是合同关系，例如买卖合同关系、劳务合同关系等等。合同关系的成立不限制书面形式、口头形式还是电子形式，书面文字、口头语言和电子形式都是记载合同内容的形式载体。法律意义上的合同需要具备合同的构成要件。以中国的合同法为例，合同有成立要件和生效要件。成立要件主要指合同各方达成合意，一方提出要约，另一方或多方作出承诺，合同关系即为成立[1]；生效要件则包括当事人要有行为能力、意思表示真实、合同内容不违反相关法律或社会公共利益[2]。

而对于智能合约[3]而言，一方面，智能合约以计算机代码的形式记载承诺，并部署在区块链上。从这一角度而言，智能合约可以理解为记载合同的载体。另一方面，在预设条件满足时，智能合约将自动执行，改变某些既定状态。从这一角度而言，智能合约也可理解为充当了合同各方的执行代理，作为合同履行工具和条款的补充。

---

[1]《民法典》第133条规定："民事法律行为是民事主体通过意思表示设立、变更、终止民事法律关系的行为。"

[2]《民法典》第143条规定："具备下列条件的民事法律行为有效：（一）行为人具有相应的民事行为能力；（二）意思表示真实；（三）不违反法律、行政法规的强制性规定，不违背公序良俗。"

[3] 智能合约一般是指部署在区块链平台上的自动化运行的代码，在满足一系列特定条件或规则时会触发其自动执行。

因此，有别于传统法律意义上的合同关注当事人的合意，区块链上的智能合约关注点是自动执行。当智能合约满足传统法律规定的合同构成要件时，自然被认定为法律上的合同，反之亦然。

3. 法律责任思考

智能合约在很多复杂情况下不能完全作为法律意义上的合同成立，因为它是以计算机代码形式来表达合同各方的合意意思，并在合同的履行过程中起到辅助履行的作用。因此作为合同的一种表达载体，计算机代码的属性应该是中立的，不宜也不应当承担合同履行过程中的法律责任（例如违约责任等）。

但是，如果因智能合约编写上的错误，导致代码未能准确反映合同各方的真实意思，或者在自动执行时运行失败或错误，给合同各方造成损失，智能合约的编写者是否应当承担一定的责任？首先，代码的编写者并非合同参与方，仅提供了一种类似"翻译"的服务，并不参与具体合同条款的约定；其次，如同传统世界中不存在完美的合同，计算机世界中也不存在完美的代码，失误无法完全避免，若因此对编写者施以过重的责罚，显然有失公平。当然，若智能合约的编写错误是由于编写者的主观故意或重大过失而导致，却由合同各方来承担损失也是有失公平的。同时，在责任的界定和举证方面，由于智能合约的代码属性，合同当事方会处于不利的法律地位，因此在一定情况下的举证责任倒置安排，即由智能合约编写者提供相应证据证明其主观意图，也是可以考虑的。因此，在智能合约法律责任的界定、承担和举证这些问题上，仍有待进一步的研究和讨论。

（二）算法及自动决策机制

当用户打开某个打车软件，系统自动推送了用户常用线路的预计时长和费用，这就是算法的典型应用场景。随着大数据的深入发展，算法一词也为人们所熟知。

1. 算法带来的问题

随着算法应用的日益成熟，利用算法所获得的结果也越来越准确，算法的应用为人们的生活便利、高效决策带来了前所未有的福利。但与此同时，算法也带来新的问题和挑战。

（1）用户及消费者保护问题

基于大数据和算法，商家或互联网平台根据不同用户或消费者的情况，对其实施差别对待，导致用户受到歧视性对待（算法歧视），这是各法域关注的与算法监管相关的核心问题之一。

其中一个比较典型的例子是"大数据杀熟"。基于大数据和算法，电商平台根据交易相对人的支付能力、消费偏好、使用习惯、交易相对人是否为新用户等，实行差异性交易价格或者其他交易条件，结果损害了消费者权益。

算法歧视导致用户和消费者权益受损是全球性的问题。在美国也有诸多基于大数据和算法歧视对待用户的情况，例如在互联网上某些特定用户因被屏蔽导致难以获得某些房屋出售信息或工

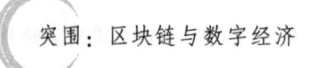

作机会。

(2) 垄断问题

算法的应用还带来了垄断问题。比较典型的有以下 2 种情况：

第一，垄断协议。经营者之间、经营者与交易相对人之间达成明示或暗示的算法合谋，利用数据和算法达成固定价格或限定其他交易条件等协调一致行为，排除、限制市场竞争即有可能构成垄断。还有一种情况是经营者之间并无合谋的故意，基于计算机自我学习的技术，经营者之间因为使用同样的算法而形成了垄断的结果。

第二，滥用市场支配地位。利用大数据和算法，无正当理由对交易条件相同的交易相对人实施差别待遇、设置障碍或限定交易条件，滥用其市场支配地位。前述"大数据杀熟"就是滥用市场支配地位的一种典型表现。

美国联邦众议员 Yvette D. Clarke 在介绍《2019 算法问责法案》时表示，算法不应当成为反歧视法律适用的豁免项。确实，算法应用中的这些不利结果不宜简单地以技术责任中立来豁免法律适用，从而免除相关主体因算法或算法应用不当导致用户合法权益受损、市场公平竞争被破坏等法律责任。因此，有必要通过完善的立法予以规范、区分权责，以保护相关主体的正当权益。

2. 监管策略

随着算法及自动化决策应用愈发广泛，算法及自动化决策纳入监管，法律责任如何区分，已经成为各国立法者关注的问题。例如，欧盟的《通用数据保护条例》[General Data Protection Regulation (GDPR) (EU) 2016/679, GDPR]、《算法问责及透明度监管框架》(A Governance Framework for Algorithmic Accountability and Transparency)、《数字服务法（草案）》(Digital Service Act)、《数字市场法（草案）》(Digital Market Act)，美国的《2020年数据问责和透明度法（草案）》(The Data Accountability and Transparency Act of 2020, DATA2020)，中国的《个人信息保护法（草案）》与《关于平台经济领域的反垄断指南（征求意见稿）》。上述法律或法律草案中均提及算法及自动化决策的监管问题。

尽管各法域的监管策略各有不同，但也有异曲同工之处。主要表现在以下几个方面：

（1）确立公平原则

算法，包括自动化决策利用的首要原则应当是公平原则。即数据控制者/个人信息处理者在利用自动化决策时，应当保证用户/消费者受到公平对待，不受歧视，从而保护用户/消费者的正当权益。例如，《2020年数据问责和透明度法（草案）》提出禁止利用个人信息在住房、聘用、信用、保险以及公开推荐等方面实行差别对待。《数字服务法（草案）》对中介服务机构、广告发布者、大型互联网平台等利用算法向用户推送内容等操作都作出了详细的规定，要求相应的服务条款中说明信息提供的限制及审核信息的方法。而中国的《个人信息保护法（草案）》则是明确规定"利用个人信息进行自动化决策，应当保证决策的透明度和处理结果的公平合理"的原则，还从实操角度要求自动化决策的商业营销和信息推送应同时提供非个性化选项。

（2）风险/影响评估

关于利用自动化决策，在事先提交风险评估或影响评估报告，中美在各自的立法草案中都有提到。

《2020年数据问责和透明度法（草案）》要求使用自动化决策的组织或代理机构将信息报送给新的专职部门；在部署算法前，信息中必须包含风险评估报告以及算法的持续影响评估。《数字服务法（草案）》第13条要求特大型在线平台至少每年要提交一次风险评估报告。而中国的《个人信息保护法（草案）》第54条要求利用个人信息进行自动化决策时，个人信息处理者应当对在事前进行风险评估，并对处理情况进行记录。

（3）赋予数据主体质疑权/反对权/拒绝权

在美国，《2020年数据问责和透明度法（草案）》提出个人应当有权质疑收集数据的理由并要求人工对自动化决策进行审阅。

在欧盟，《通用数据保护条例》赋予数据主体反对权。《通用数据保护条例》第22条规定了数据主体对自动化决策的适用享有反对权及详细的豁免规则，并要求数据控制者保证数据主体权利,并赋予数据主体异议权。《数字服务法(草案)》第 17 条禁止在线平台的某些特定决策仅基于自动化方式作出。

在中国,《个人信息保护法(草案)》也有类似的规定,但在适用上不完全相同。该草案对个人行使反对权增加了前提条件,即个人"认为自动化决策对其权益造成重大影响";同时,个人还有权要求个人信息处理者对自动化决策予以说明。举例而言,在互联网小额贷款中,借款人有权要求网贷平台说明自动化决策的适用范围,也有权拒绝网贷平台仅基于自动化决策决定其是否有权借贷,以及借贷期限、利息等交易条件。

(4)设立专职部门

有具体的部门承担监管职责,才能将法律法规有效落实。

在美国,《2020 年数据问责和透明度法(草案)》建议新设一个部门专职管理个人信息保护事项,即创立一个新的独立部门专门负责个人信息保护以及《2020 年数据问责和透明度法(草案)》的实施。该部门拥有立法、监管以及采取强制措施的权力,针对《2020 年数据问责和透明度法(草案)》中涉嫌违法的行为进行民事处罚,另外设立民事权利办公室以保护个人不受歧视对待。

欧盟的《数字服务法(草案)》要求设立欧洲数字服务委员会(European Board for Digital Services)来协调、落实相关规定。

在中国,《个人信息保护法(草案)》第 56 条则规定由国家网信办作为个人信息保护和相关监管工作的统筹协调部门,国务院有关部门和县级以上地方人民政府有关部门分别在各自职责范围内履行监管职责。前述部门统称为履行个人信息保护职责的部门。

（5）适用反垄断监管

针对利用大数据与算法排除、限制竞争的问题，反垄断监管机构需要进行干预，从而促进市场公平竞争。多个法域也已经提出把利用大数据与算法妨碍市场公平竞争的情形纳入反垄断监管范畴。

2020年10月9日，美国众议院司法委员会结束了过去16个月对苹果、亚马逊、脸书、谷歌四家巨头的反垄断调查，发布了一份长达449页的反垄断报告。报告认为四家巨头都存在垄断行为，并提出建议，主要包括：实施结构上的分离，以禁止平台在依赖于平台或与平台互操作的业务中运行；禁止主流平台优先使用自己的服务业务；要求平台使其服务与竞争网络兼容，以实现互操作性和数据可移植性……

欧盟的《数字市场法（草案）》第3条提出了"看门人"（gatekeeper）的概念，并制定了一揽子规则以防止作为"看门人"的大型科技平台滥用其市场地位，促进公平竞争。

中国的《关于平台反垄断指南（征求意见稿）》整体与《反垄断法》配套，可作为平台经济领域如何适用《反垄断法》的详细指南。

三、区块链技术——重构金融格局

(一) 数字金融已成为大势所趋

随着区块链、大数据、云计算等各类创新科技的不断应用，尤其是金融界正经历一场数字化浪潮，各类创新科技在赋能传统金融活动的同时也提供了多个金融品种，使数字金融逐步成为大势所趋，对传统的金融监管提出了挑战。

1. 数字交易所

目前，各法域对于数字交易所尚无统一的定义。结合既有实践，数字交易所可以理解为基于区块链等技术为数字资产及传统资产的数字化凭证提供交易流通、交易设施和交易服务的场所。作为交易基础设施，区块链可以发挥其存证的安全优势，从而解决交易所监管中最主要的问题，确保信息披露的真实、完整和准确性，以及每一笔交易的安全性。同时，区块链技术的应用可以在数字交易所实现清结算一体化，有效地提高数字资本市场的效率。

目前，数字交易所的合规化趋势已经明朗，各法域也在着手探索监管环境下如何建立基于区块链技术的数字交易所。例如，瑞士交易所已经率先设立其从事数字资产交易服务的子公司瑞士数字交易所；日本证券通证发行协会在 2020 年 4 月 30 日获得日本金融服务局的认证，成为《金融工具和交易法》所规定的"授权金融工具和交易所业务协会",被允许从事电子记录转让权的交易,以及其他与交易有关的活动,并能实施自我监管活动;[1]最大加密货币交易所之一的比特币公司Coinbase于2021年4月14日以直接挂牌的方式在美国纳斯达克上市,成为首家在美国上市的大型加密货币公司;中国香港证券及期货事务监察委员会也向符合监管条件的机构颁发了数字资产交易所的资质;中国证监会发布《关于原则同意北京、上海、江苏、浙江、深圳等5家区域性股权市场开展区块链建设工作的函》,原则上同意了以上地区区域性股权市场参与区块链建设试点工作。

2. 供应链金融

供应链金融,顾名思义,是一种银行向核心企业提供融资和其他结算、理财服务,同时向这些客户的供应商提供贷款及时收达的便利,或者向其分销商提供预付款代付及存货融资服务,是由核心企业与银行间达成的一种面向供应链所有成员企业的系统性融资安排。

例如腾讯云融资易动产质押融资平台,通过物联网、大数据、人工智能技术联动,对进场货物进行识别、采集、监控和告警,并将相关事件记录在区块链上,确保了仓单记载货物信息的真实可信。同时仓单也可转化为链上数字资产,实现质押交易流程数字化管理,一定程度上规避了货物重复融资的风险。

---

[1] https://jstoa.or.jp/news/2020/04/30/000016/.

3. 贸易融资

贸易融资，是指银行运用结构性短期融资工具，基于商品交易中的存货、预付款、应收账款等资产的融资。

区块链贸易融资平台可以有效提高交易效率及准确性，提高融资透明度，降低融资风险，为贸易融资提供全新的解决方案。中国香港金管局、汇丰银行、中国银行、东亚银行、恒生银行和渣打银行及德勤就联合建立了区块链贸易融资平台"贸易联动"（eTradeConnect）。

4. 智能投顾业务

投顾业务，即资产投资顾问服务，服务提供者通过数据分析、模型搭建等方式提供资产配置建议。而智能投顾则是基于资产组合理论相关算法，运用人工智能技术来搭建数据模型和后台算法，为投资者提供智能化和自动化的资产配置建议。

例如广发证券于2016年推出的智能投顾品牌"贝塔牛"，正是通过人工智能"选股+择时"，并结合大数据分析，根据不同客户的投资目标及风险承受能力，给出不同的投资理财策略。

5. 互联网保险业务

保险业务，即保险公司保险产品的承保、理赔等相关活动。在蚂蚁金服提供的"保险数据中台""保险上云"等服务中，借助大数据、云计算、人工智能等金融科技手段，为众安保险、中国太平等多家保险公司提供全系统上云，实现了从5秒处理1单到每秒处理1000单的转变，使中国保险业务正式进入互联网保险业务新时代。

6. 数字银行业务

数字银行，亦称虚拟银行，指传统银行业务依赖互联网平台，为大众提供全面数字化的存款、支付、借贷等银行服务。

中国香港金管局于2019年3月至5月颁发了8家虚拟银行牌照，其中不乏腾讯、蚂蚁金服、平安、京东、小米、众安等中国金融科技巨头的身影。截至2020年11月底，8家虚拟银行均已正式营业或试营业。

7. 企业融资

基于区块链技术的资产数字化可以为企业融资带来一定的便利条件，数字交易所的发展也为企业提供了证券型通证发行（STO）、资产通证（ABT）等更多新兴融资方式。

资产通证与资产证券化类似，是利用物联网和区块链技术将资产、权益通证化的一种数字通证。由于通证的交易、流转相比资产、权益更加便利，且易分割为较小的份额，因此大大降低了投资者的参与门槛。同时，区块链技术透明、不易篡改等特征又使得投资者能够更清晰、直接地掌握底层资产的情况。

8. 支付服务

支付服务，一般是由服务提供商作为收付款人之间的中介人提供支付、收单等业务服务。而互联网的快速发展使得支付领域成为金融科技应用的高地。支付宝、微信等第三方支付巨头通过扫码、近距离无线通信等技术极大地推动了中国社会的无现金化进程。而条码支付、刷脸支付等互联互通技术验证与应用试点，将推动实名认证和交易验证手段升级，进一步加强支付风险防控。毫无疑问，随着数字货币尤其是央行数字货币的出现，新兴的支付服务也将愈发完善与灵活。

(二) 普惠金融的实现

联合国于2005年首次提出了普惠金融（financial inclusion）这个概念。普惠金融是指立足机会平等要求和商业可持续原则，以可负担的成本为有金融服务需求的个人或企业提供适当、有效的金融服务。普惠金融是政府推进的惠民政策之一。基于普惠金融成本高、收益较低、安全和效率难以兼顾的特征，金融企业投入运行普惠金融产品的积极性大多不高。大数据、人工智能及区块链等技术加持的数字金融应用可以有效降低普惠金融产品的运营成本，进一步扩大普惠金融的影响范围。

以零售银行为例，无需实体分行、不设最低户口结余要求的虚拟银行服务，大幅降低了营业成本，也为众多个人及中小企业以低成本获取零售银行服务提供了更多可能。银行等机构利用大数据开展智能风控，减少对抵押物的依赖，大大提高了融资的可获得性。截至2020年10月末，中国银行业服务的小微企业信贷客户已达到2700万，普惠型小微企业和个体工商户贷款同比增速超过30%，农户贷款同比增速达14.3%。[1]

（三）数字人民币与虚拟货币

区块链、大数据、人工智能为数字金融中价值的自动化转移提供了技术基础，而价值储存和转移的载体是数字金融的重要配套。

1. 虚拟货币的意义

虚拟货币是一种价值的数字化表现，可以被数字化交易，可以作为交易媒介、计价单位或价值储存。

凭借区块链技术，智能合约可以从技术上实现交易安全的自动化执行；基于区块链的虚拟货币及其支付，凭借分布式记账、加密算法等技术特点，为自动化交易进行安全、高效、低成本的价值转移提供了价值储存载体。

虚拟货币的规范、有序、自由流动对现有的全球金融体系、货币流通方式以及金融资产属性、所有权和价值判定都将产生具有颠覆性但积极的影响。

2. 虚拟货币面临的问题

从比特币开始，虚拟货币层出不穷，百花齐放。其中的典型代表是由脸书推出的虚拟加密币 Libra（已更名为 Diem），志在建

---

[1]《金融科技发展、挑战与监管——郭树清在2020年新加坡金融科技节上的演讲》，http://www.yicai.com/news/100868424.html。

设一个可信任的创新金融网络,为全球提供无处不在的安全可靠的金融服务。

当然,由于这类超主权虚拟货币不具有法偿性,在合规、金融安全、用户保护等方面还有很长一段路要走;而且由于虚拟货币天然的匿名性,其在反洗钱、数据安全、税务、外汇等方面隐含的风险也有待解决。Libra从1.0版推出,到2.0版变化,再到2020年12月更名为Diem,都显示了为符合监管要求所作的努力。2022年,由于面临监管方面的巨大压力,Diem决定以约2亿美元的价格将其技术出售给一家为比特币和区块链公司提供服务的加州小型银行Silvergate Capital Corp。

3. 数字人民币

除了在技术层面的研发和测试紧锣密鼓的开展外,数字人民币在法律层面的配套也已提上议事日程。2020年10月23日,中国人民银行发布关于《中华人民共和国中国人民银行法(修订草案征求意见稿)》,该征求意见稿第19条在现行《中国人民银行法》规定人民币单位的第17条的基础上增加了第2款,"人民币包括实物形式和数字形式,"明确了数字人民币属于人民币的法定形式,为数字人民币发行奠定了法律依据。同月,数字人民币在深圳、苏州、雄安新区、成都及未来冬奥场景启动"4+1"封闭试点基础上,新增上海、海南、长沙、西安、青岛、大连等6个试点地区,就此形成"10+1"的试点布局。同时,暂时不在试点地区之列的广州、浙江、天津、福建、济南和湖北等6个省市也将"争取数字人民币试点"列入"十四五"金融发展规划或其他政策文件中。

2021年11月3日,中国人民银行数字货币研究所所长穆长春在香港金融科技周介绍了数字人民币的最新进展。据穆长春透露,截至2021年10月22日,数字人民币累计交易金额约620亿元,已开通数字人民币个人钱包1.4亿个,对公钱包1000万个。另外,已经有超过155万商家支持数字人民币钱包支付,累计交易1.5亿余笔,涉及公用事业、餐饮服务、交通、零售及政府服务等多个领域。

央行数字货币的诞生以及人工智能、区块链、开放API等技术的应用,将共同形成新一代支付生态体系,在原来互联网支付的基础上进一步增强支付智能化发展,减少对中介机构的依赖。

四、监管科技——创新监管方式

(一)创新科技带来的监管挑战

随着科技的进步,大数据、人工智能及区块链等技术在各种创新产品和创新服务(合称"创新业务")运营过程中会产生巨大的监管工作量,单靠人力根本无法完成,监管科技因此应运而生。

科技在业务和合规方面的应用反映在金融业务领域尤为明显。金融机构通过利用技术手段开展自动化内部控制与合规审查,以减少相应的成本支出,并主动引入监管科技产品。监管科技仅在实现纸质报告流程的数字化方面就可以帮助金融机构节省数十亿的成本。[1] 2015年产生于英国的监管沙盒制度体现了监管机构对于金融科技的包容。

(二) 常见应用举例

常见的应用场景举例如下:

1. 法律依据追踪

法律法规和监管政策必须不断更新,以有效应对科技进步引发的新问题和风险。与此同时,这对合规人员紧密跟踪最新法规、政策提出了更高的要求。而监管科技通过检索和审阅所有相关规定,就可以对用户的潜在影响作出基本判断。

例如,IBM旗下子公司研发的Watson系统掌握多达数万条的监管条文,通过自我学习能够分析、审查与潜在金融犯罪相关的交易和案例。该系统通过200多个法规输入系统,可识别标记潜在假设和问题,大大减少了合规人员的工作量。

2. 风险分析和测试

创新业务在投入大规模应用前,服务商和监管机构都需要提前了解其风险。监管科技可以通过大数据分析及虚拟测试等方法,模拟业务运营场景,并对运营情况进行分析和风险监测,以

---

[1] https://www.iyiou.com/analysis/2018080778534.

识别和评估内部业务运营的风险。

例如，2020年，英国金融行为管理局（FCA）着手试验数字沙盒（Digital Sandbox）[1]。数字沙盒正在测试中的功能包括：访问合成数据资产，如交易银行数据集、中小企业贷款数据和客户账户，以测试和验证技术解决方案；数字服务提供商通过应用程序编程接口（API）市场列出并提供对服务的访问；申请人可以在数字沙盒中开发和测试其解决方案的集成开发环境；作为一个协作平台，数字沙盒将向参与者（如企业、学术界、政府机构、风险投资和慈善机构）提供支持和投入；作为观察平台，数字沙盒可以使监管机构和其他相关方在技术层面上观察进行中的测试，从而在受保护的环境下为政策思考提供依据。

3. 反洗钱、客户识别

利用区块链等技术的监管科技方案可以用于履行反洗钱和"了解你的客户"（Know Your Customer，KYC）义务、新用户引导流程及自律监管，从而提高业务透明度。

例如，金融机构和监管机构可以成立基于区块链联盟的监管平台，金融机构平台通过区块链技术实现KYC分布式存储和认证共享，任何一个加入监管平台的金融机构只要将经过认证的KYC信息存储到区块链，其他节点上的金融机构和监管机构即可同步得到一致的信息，监管机构可以对交易行为进行事中或事后监

---

[1] https://www.fca.org.uk/firms/innovation/digital-sandbox.

管。入链的 KYC 信息在每次被写入或修改时，需要被执行机构签名确认，实现安全可控的 KYC 信息共享，避免客户身份认证，降低监管合规成本。[1] 另外，指纹识别、虹膜识别和人脸识别等生物识别技术在 KYC 中的应用也可大幅提高 KYC 的效率和准确性。

4. 数据报送和追踪

监管科技还可用于生成监管机构要求的报告和信息，协助受监管主体和监管机关之间进行数据分享，以加速处理报告所需的海量数据。[2]

以矩阵元旗下的 JUGO 安全多方计算平台为例，目前 JUGO 平台基于半诚实模型（Semihonest）实现通用两方计算。在矩阵元的 JUGO 平台上，多个参与方的数据无需汇集到平台，参与方只需将数据保存在本地进行协同计算，然后分析得出结果，其中平台充当了数据加工厂的角色。假设借款人想在网贷平台申请一笔贷款，那么网贷平台就可以借助 JUGO 平台与征信机构进行协同计算，以评估借款人是否符合条件。[3]

5. 监控交易

监管科技还可以快速而精准地监控交易，尤其是监控金融交

---

[1]《监管科技五大应用场景——2018 年监管科技发展研究报告》，http://www.iyiou.com/research/20180928577。

[2] https://www.americanbar.org/groups/business_law/publications/blt/2020/04/regtech/。

[3] 同〔1〕。

易中的可疑活动,或者对交易标的进行溯源以实现监管等。

例如,国家互联网金融风险分析技术平台实时汇聚分析来自自动化互金企业数据接入平台(Auto-IFAP)的企业接入数据及互联网公开数据,支持多维度、多业态、多场景的监测,并形成了持续的报告,以支撑中央及地方金融监管部门的行业风险监测。[1]

又如,广州市打造了以区块链、人工智能技术、大数据、云计算为核心技术的广州市食用农产品溯源平台,利用区块链技术将商户经营者、市场开办者、监管部门的市场准入、日常检查和监管,以及检验检测、稽查执法等可公开的信息上传至区块链上,所有数据自动生成电子标签。同时,结合 AI 票证识别技术,对区块链存证的票据等信息进行真实性和有效性排查。[2]

6. 电子存证与争议解决

利用区块链与电子数据存证的结合,监管科技可以降低电子数据存证成本,提高存证效率,为司法存证、知识产权登记确权、电子合同管理等业务赋能。

例如,北京互联网法院与工信部国家信息安全发展研究中心、北京信任度科技有限公司等单位共建了区块链电子证据平台"天平链"。截至 2020 年年底,天平链已完成跨链接入区块链节

---

[1] https://www.ifcert.org.cn/disclosure/dataList#webSafe.

[2] http://news.eastday.com/eastday/13news/auto/news/finance/20200324/u7ai9175838.html.

点 20 个，完成版权、著作权、互联网金融等 9 类 25 个应用节点数据对接，上链电子数据超过 4000 万条。

又如，中国版权保护中心推出了数字版权唯一标识符（DCI）登记，作者可在线上直接申请版权登记，经由第三方平台上传申请材料至 DCI 业务管理平台，通过版权保护中心审核后，完成 DCI 登记。登记完成后，中国版权保护中心为每一个数字版权分配唯一的 DCI 码（C 类）、DCI 标和作品登记证书（电子版），并利用电子签名身份认证建立起可信赖、可查验的认证体系，从而实现数字版权的确权，并为版权授权和维权等提供公共服务基础支撑[1]。安妮版权区块链、汇桔网数字版权服务、纸贵版权等都是利用区块链提供 DCI 登记服务的第三方平台。根据安妮版权区块链的介绍，审核只需 7—10 个工作日，较之以往传统作品登记方式 30 个工作日的登记时间大大缩短。

（三）监管科技广泛应用面临的问题

当然，监管科技目前还处于起步和探索阶段，在其广泛应用的过程中还存在许多问题，有待通过技术、立法等加以完善。

1. 预算和资源匮乏

这是监管科技解决方案难以推广的重要障碍。根据中国香港

---

〔1〕 http://www.ccopyright.com.cn/index.php?optionid=1127.

金融管理局的调查[1]，75%的银行受访者认为预算和资源匮乏是监管科技应用面临的重要障碍之一，因为银行总是将资源分配在其他能直接产生收入的部分。

2. 监管科技解决方案的针对性和成熟度不足

解决方案针对性和成熟度不足容易导致用户出现损失，这是用户在选择使用监管科技的担忧。

解决方案缺乏针对性，是监管科技研发者和用户普遍遇到的问题。例如，某些监管科技解决方案不能充分满足当地监管要求，而其他解决方案则不适合某一行业的特定业务或运营环境。

进一步来说，由于解决方案不能量身定制，监管科技还可能因为一些细节问题导致潜在大规模错误的出现。例如，如果监管科技在实际应用中未能呈现某项法规的更新情况，则可能导致用户无法满足合规要求；如果同类问题反复出现，则可能给客户造成重大损失。[2]

3. 监管科技解决方案的使用难度

由于监管科技解决方案通常使用新开发的技术，且往往对操作人员的技术能力有一定要求，因此，监管科技的用户还需要配备在合规、编程、数据分析等领域具有专门技术的人才，方能有

---

[1] "Transforming Risk Management and Compliance: Harnessing the Power of Regtech", https://www.hkma.gov.hk/eng/news-and-media/speeches/2020/11/20201102-2.

[2] https://www.americanbar.org/groups/business_law/publications/blt/2020/04/regtech/.

效使用监管科技。这使得用户,特别是中小规模的用户增加了使用难度和使用成本。

当然,随着技术进步,监管科技的成熟度会逐步提升,其使用的难度和成本也会下降。

结语

区块链、大数据、云计算等创新科技及其应用正在逐步形成新的经济生态,数字经济时代已经到来。而数字经济时代的到来必将伴随法律的变革。在变革过程中,既会有传统法律框架与创新业务、创新服务、创新组织形式等(合称"创新生态")进行兼容,将创新生态纳入监管,也会有创新生态推动传统法律框架突破现状,建立与数字经济时代相适应的新秩序。无论是兼容还是突破,适应新经济时代的法律变革已是大势所趋。

区块链与安全技术

苗光胜[*]

一、区块链与安全技术概述

区块链本质上是一种分布式点对点技术（P2P）网络，它的诞生与安全技术有着千丝万缕的联系。中本聪借助安全技术特别是密码技术，创建了人类历史上第一个完全去中心化的点对点电子现金系统——比特币，宣告区块链技术的诞生。可以说，安全技术特别是现代密码学是区块链技术的核心和基石。

学界普遍认为，现代密码学的诞生以数据加密标准（DES）算法的发布为标志。1976年，美国国家标准局公布了数据加密标准（DES），这一标准在世界上被广泛流传和应用，开启了现代密码学的新篇章。同一年，密码学家、图灵奖获得者 Diffie 和 Hellman（2016年图灵奖）发表了经典论文《密码学的新方向》，

---

[*] 苗光胜，墨子安全实验室创始人，信息安全专业博士。

开创了公钥密码学的新纪元。

公钥加密算法（RSA）为公钥密码学的发展奠定了良好的基础，并在产业界得到了广泛应用，但由于其在效率和安全方面的局限性，目前已逐渐被椭圆曲线密码算法所取代。椭圆曲线加密算法（ECC）是基于椭圆曲线数学理论实现的一种非对称加密算法。椭圆曲线在密码学中的使用，是 1985 年由 Neal Koblitz 和 Victor Miller 分别独立提出的。

相比 RSA，ECC 可以使用更短的密钥来实现与 RSA 相当或更高的安全。据研究，160 位 ECC 加密安全性相当于 1024 位 RSA 加密，210 位 ECC 加密安全性相当于 2048 位 RSA 加密。

哈希函数又是现代密码学的另一个重要概念，也是在区块链中频繁用到的密码技术。哈希函数称杂凑函数、散列函数、数字指纹等，是将任意长的消息压缩为一个固定长度的摘要。哈希函数可以将任意大小的文件压缩成 n 比特的一个 01 串，n 可以是 128、160、192、256、384 或 512。

哈希函数是密码学的基本工具，可以用在数字签名中。数字签名使用的是公钥密码算法，计算复杂度很高，为加快效率并降低消耗，在签名之前，我们通常要将文件或信息经过哈希函数压缩之后再进行签名。

安全数列算法（SHA）由美国标准与技术研究所（NIST）设计并于 1993 年发表，该版本被称为 SHA-0。由于很快发现其存在安全隐患，1995 年 NIST 又发布了 SHA-1。

2002年，美国标准与技术研究所又分别发布了SHA-256、SHA-384、SHA-512，这些算法统称SHA-2。2008年又新增了SHA-224。

目前SHA-1因年代久远安全性相对较低，SHA-2各版本已成为哈希算法的主流。

ECC和SHA系列哈希算法的出现，为区块链技术的诞生提供了必不可少的技术支撑，并且成为区块链技术的核心组件。比特币中的钱包地址生成及签名算法ECDSA都是基于椭圆曲线密码算法的，区块消息摘要和工作量证明（POW）共识机制则主要基于SHA-256算法。

2008年11月，中本聪发表论文《比特币：一种点对点的电子现金系统》，提出了区块链作为数据结构，其技术迎来了爆发式的发展，迭代速度之快超出任何人的想象。

由于区块链和安全技术之间的密切关系，所以当讨论区块链和安全技术的时候，必须把主题定义清楚，不然容易产生误解。首先需要澄清的是，我们是在讨论区块链的安全还是基于区块链做安全。

本章我们从区块链自身安全和区块链助力安全两方面展开阐述。前者讨论的是区块链自身存在哪些安全问题，着眼点在于如何构建更加安全的区块链；后者讨论的是区块链如何使得信息系统更加安全，着眼点在于如何利用区块链构建更加安全的信息系统。

一方面，随着技术的演变和复杂化，信息安全需求日益迫切，同时也被赋予了新的内涵和外延。区块链作为一种新兴技术，因涉及数字资产管理，其安全问题是迄今为止面临的最重要的问题之一。

区块链技术自身尚处于快速发展的初级阶段，因此不仅可能面临来自外部攻击的风险，也有可能来自内部参与者的挑战。鉴于区块链技术的应用场景和安全需求，我们需要围绕主机、数据、应用系统、网络、风险控制等构建安全体系。与此同时，区块链技术的普及应用对数据存储、数据传输和数据应用等多个方面的安全保障和隐私保护提出了全新的要求。

随着目前区块链行业所发生的一系列交易平台监守自盗、交易所遭受黑客攻击、用户账户被盗、智能合约屡遭攻破等安全事件时有出现，我们不得不承认一个事实，区块链的"安全神话"已然破灭。

另一方面，针对商业、政府和军事机构的网络攻击越来越多，其目的在于窃取敏感信息或中断服务。网络空间竞争日益激烈，迫切需要更加有效的网络防御解决方案，以确保对关键任务数据的可追踪性和可审计性。有鉴于此，网络防御解决方案应着重于确保系统在受到攻击的情况下能够正常运行。然而现有的网络防御解决方案大多属于被动反应，无法真正抵御网络威胁呈指数级上升造成的影响。中心化或同质的信息保障系统和数据库必须向分布式、去中心化和安全的方向演化。

因为是分布式的架构，所有数据的上传和处理都有时间戳的确认，所以利益相关方以共享账本的方式形成数字化的问责制，且具备"自动审计"的作用。即使网络存在恶意节点进行攻击，其余节点仍可通过共促机制确保记账的完整性和真实性。

二、区块链安全风险分析

尽管区块链采用了大量的安全技术以保障系统正常运行，并且在诸多场景下经受住了考验，但安全事件依然层出不穷。例如，2016年6月的智能合约安全事件The DAO。由于编写合约存在重大缺陷，一个不知名的攻击者从去中心化自治组织DAO中盗取了价值5000万美元的以太币资产。2016年8月，香港交易所平台Bitfinex被盗窃价值7200万美元的比特币。2017年6月，Bitfinex还遭受了分布式拒绝服务（DDoS）攻击，导致其交易被迫暂停。

区块链安全是一个系统工程，涉及从底层到上层的方方面面，不仅包括自身的安全，如区块链底层平台安全和上层智能合约安全，还包括相关配套设施的安全，如钱包、交易所和矿池等的安全。从产业分工的角度来看，我们一般把区块链安全问题分为五个方面：区块链底层安全、智能合约安全、钱包安全、交易所安全和矿池安全。

而从技术架构的角度来看，目前区块链面临的安全挑战主要包含以下四个方面：一是密码算法安全性。目前区块链的基础算法主要是公钥密码算法和哈希函数算法，其安全性来源于数学难题，在目前的技术条件下，其安全性是有保障的。但是随着高性能计算和量子计算的发展和商业化，目前所有的加密算法均存在被破解的可能性，这也是区块链面临的一个威胁。二是共识安全性。在区块链中，如果一个节点能够掌控全网 51% 的计算能力，就可以伪造或篡改区块链的数据。在目前的 BTC/ETH 等应用场景中，由于整体算力巨大，发起此类攻击是得不偿失的。但是随着区块链应用范围的扩宽，攻击者为了达到某种目的，有可能通过特别的方式实施这样的攻击。三是使用安全性。区块链有着无法篡改、不可伪造的特点，但是这必须是在私钥安全的前提之下。目前针对密钥的攻击层出不穷，一旦用户使用不当，造成私钥丢失，就会给区块链系统带来危险。四是系统安全性。在区块链的编码及运行的系统中，不可避免会存在很多的安全漏洞，针对这些漏洞展开的攻击日益增多对区块链的应用和推广将带来极大的影响。

知彼知己，百战不殆。下面我们将列举常见的区块链攻击手段，从而更加直观地展示区块链安全的风险所在。

(一) 针对区块链的攻击

1. 分叉

分叉 (fork) 表示区块链网络中的节点对区块链的状态存在分歧，这种分歧可能持续很长时间甚至无限期。分叉可能是由于协议故障或客户端软件升级中的不兼容性而无意中产生的，也可能是攻击者故意引起的。分叉分为软分叉和硬分叉。当网络接受的新区块对分叉前节点是无效的，就发生了硬分叉，硬分叉的后果会产生两个链，互不干涉；当某些区块对分叉后节点是无效的，就发生了软分叉，软分叉所产生的区块可以向下兼容。无论哪种情况，区块链分叉都代表不一致的状态，可以被攻击者利用并产生混乱、欺诈性交易，以及导致网络内部的不信任。

当 The DAO 项目三分之一以上的数字现金被攻击者窃取时，以太坊可以选择使用硬分叉重新运行交易并取回价值数百万美元的以太币，然而这需要网络中大多数节点达成共识。在这种情况下，如果由于"多数攻击"或 DDoS 事件导致共识延迟发生，分叉就不容易顺利达成，长时间的延迟最终会导致社区失去信心，进而使得加密货币贬值。

2. 陈旧区块和孤立区块

共识过程可能会出现两种不一致的形式，导致有效区块脱离区块链。第一种形式是"陈旧区块"（stale block），即已被成功开采的区块，但未被接入当前最佳区块链（即最难于重建的链）中。第二种形式是"孤立区块"（orphan block），即其前一区块（父区块）哈希字段指向与区块链分离的未经验证的区块。这些不一致可能是由攻击者或矿工在工作中的竞争状态引起的。陈旧区块最初可能被大多数网络接受，但是当收到的更长（即当前最好的）区块链不包含该区块时，陈旧区块将被拒绝。

3. 51%攻击

当单个攻击者、一组恶意节点或一个矿池的挖矿哈希算力达到可以操纵区块链中大部分网络的时候，容易发生51%攻击发生。通过51%攻击，攻击者可以防止交易或区块被验证，从而使其无效；在攻击者控制的时间内"逆转"交易以实现双花；防止其他矿工（验证者）在短时间内找到任何区块。

与其他人相比，拥有大部分哈希算力的攻击者将区块添加到区块链中的概率更高，而这些区块可能具有欺诈性或是容易导致重复消费交易的发生。

2014年，矿池"GHash.IO"的哈希算力超过了比特币全网的51%，一度引起媒体对比特币及其漏洞的担忧。实际上，矿池并不总是需要网络哈希算力的51%才能发起攻击。即使具有较低的哈希算力，通过特别的设计也可能以很大的概率实现相似的目标。有研究显示，大多数51%攻击可能仅仅使用了四分之一的网络哈希算力。

4. 共识延迟

共识延迟是针对区块链的另一种攻击方式。在这种攻击中，攻击者可能会注入错误的区块，延迟或阻止节点在区块链中达成共识。由于接受或拒绝伪造区块会消耗很多时间，所以恶意节点可以通过此过程操纵整个系统。对于时间敏感类的应用，这个问题更加严重，因为这些应用需要在短时间内形成共识。

(二) 针对 P2P 网络的攻击

P2P 网络是区块链的底层基础架构，这一架构为区块链系统提供了许多良好的技术特性，如系统的鲁棒性和安全性等，同时这一架构也给区块链带来了安全风险，目前已发现多种针对区块链底层 P2P 网络的攻击方式。

1. DNS 攻击

根域名系统（DNS）是区块链网络正常运行的重要支撑。以比特币网络为例，当节点首次加入比特币网络时，并不知道网络中的其他活动节点。要发现网络中由 IP 地址标识的活动节点，需要执行引导步骤。DNS 可用作引导机制，节点加入网络后，会查询 DNS 种子，从而获得有关其他活动节点的更多信息。

由此在攻击者眼中，DNS 成为区块链网络的攻击切入点。通过 DNS 攻击，攻击者可以向区块链中的节点提供无效的节点列表，从而可能导致这些节点被隔离、被提供伪造的区块和无效的交易等。

2. DDoS 攻击

DDoS 攻击是在线服务最常见的攻击。尽管采用了分布式 P2P 系统，但区块链技术并不能对 DDoS 攻击先天免疫，基于比特币和以太坊的众多区块链的应用都曾多次遭受 DDoS 攻击。DDoS 攻击有多种表现方式，具体取决于应用的性质、网络体系结构和节点行为。例如，在比特币网络中，51%攻击可能衍生出 DDoS 攻击。举例说明，如果一组矿工获得了很大的哈希算力，这组矿工就可以防止其他矿工将其挖出的区块添加到区块链中，使正在进行的交易无效，并导致网络中的服务故障；还可以故意分叉，从而导致类似的拒绝服务结果。

(三) 面向应用的攻击

区块链提供底层支撑，用户更多接触到的是上层的应用服务。不同性质的应用有自己的缺点，因此会产生很多基于应用的攻击。

1. 区块链隐私泄漏

区块链是一个公共分类账本，任何想要挖矿的人都可以使用。因此，攻击者可以通过对公共区块链的分析获得很多有用的信息，这个过程被称为区块链隐私泄漏。区块链应用或其用户可能并不希望看到这种情况，需要采取必要的手段对此加以避免。

2. 双花

在快速交易环境中，接收者可以在交易进入区块链之前将产品发给发送者。这样，发送者就有机会签署相同的交易并将其发送给另一接收者。用私钥签名同一笔交易并将其发送给两个不同的接收者的现象被称为双花。在双花中，发送者的同一笔未花费的交易输出两笔交易，只有其中一笔能被合并到区块链中。网络中的共识延迟或51%攻击都会导致验证过程中出现延迟，从而增加了攻击者实现双花的机会。

3. 钱包盗窃

如果系统中密钥等与节点相关的凭证存储在数字钱包中，就容易发生"钱包盗窃"攻击，直接影响用户的资产安全和应用安全。即使将钱包安全地保护在主机上，攻击者也可以在主机上发起恶意软件攻击，从而窃取钱包。随着许多第三方服务开始启用钱包存储业务，这些服务也可能遭到攻击，并导致钱包泄露给攻击者。

三、区块链安全常见问题漫谈

区块链安全是一个新事物，体系繁杂，普通用户对于区块链安全问题普遍有很多疑惑。对大多数人而言，比较关心的主要是日常接触比较频繁的部分，或者对其数字资产安全影响较大的部分。为此，我们梳理汇总日常经常被问及的问题，从钱包、交易所、区块链底层和智能合约等4个方面入手，以问答的方式展开阐述。

（一）关于数字钱包安全

问题1：

使用区块链钱包，在安全方面要做的第一步是保存好私钥，这个容易理解。那么在接下来的使用过程中，哪些潜在风险是用户们经常会遇到的或容易被忽视的？从黑客的角度来看，对区块链钱包常用的攻击手段有哪些？

把私钥保存好,这个说起来简单,但现实中如何真正把私钥存储好,这方面其实有很多讲究,如果不注意也容易出问题。

常见的不安全的私钥备份方法如下:

第一,将私钥存在自己邮箱里。邮箱并不是一个安全的存储场所,邮箱被攻破是很常见的事,因此我们不但不建议用户把私钥存储在邮箱里,而且其他类似的敏感信息也不要在邮箱中存储。

第二,将私钥通过 QQ 等发到手机上,或者用手机对屏幕拍照来备份。手机作为常用的移动终端,每天随身携带,丢失的概率不小;平时也容易被同事、朋友,甚至陌生人偷窥;同时,很多手机有云同步功能,会自动将手机中的信息上传到云端,这样就大大增加了信息泄漏的可能性。鉴于私钥的敏感性,不建议将私钥存储在手机上。

第三,将私钥存储在自己的云笔记上。云笔记是一个比邮箱更不安全的存储方式,用以记录一些日常琐事也就罢了,如果用来记录私钥等敏感信息,那就非常危险了。我们曾经对某款市场占有率名列前茅的云笔记应用软件进行安全测试,发现不仅用户名,而且密码都是通过明文传输的,以这种安全防护水平,怎么能放心地把私钥交给它?

安全建议:

最安全的私钥备份方法还是用纸笔方式记录。纸笔记录的主要问题是容易出现书写错误,或者把近似字母抄错,比如l和1、

O 和 0 等。

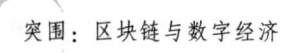

由于原始的私钥是给计算机用的,不是给人看的,因此可读性很差。鉴此,我们推荐使用助记词的方式备份私钥,可读性良好,也不容易出现书写错误。

纸笔上记录完成后,私钥可妥善保管在安全的地方。有条件的可以租用银行保险箱,没条件的可以在家里找个安全的地方妥善保管。

对于黑客来说,一旦对用户发起攻击就是全方位的。他会动用一切可以动用的手段和方式,对包括用户的邮箱、微博、微信、论坛留言、手机存储、手机号码、身份证号等等在内的一切资源发起攻击。

除了被动监听和数据分析之外,黑客还可能会主动发起一些攻击,比如诱导用户打开钓鱼邮件、钓鱼网站等,攻击用户的常用邮箱、手机云盘、云笔记等。

总之,为了达到目的,黑客会采取一切可能采取的手段,整合一切可以收集的信息,对用户进行全方位地分析,这也是为什么我们强烈不建议将私钥存储在网上的原因,因为网上的一切都存在被攻破的可能。网络防护的最高等级是物理隔离,对于私钥这样的敏感信息,安全性是第一位的,便利性只能位居第二,还是以最原始的纸笔形式记录并存储在网络之外比较放心。

问题 2:

区块链钱包与传统意义上的互联网钱包,例如支付宝、微信等相比，在安全管理方面有哪些相同点和不同点？对区块链钱包的安全，进化出哪些新的要求或需求？在区块链钱包的开发团队中，安全团队的建设是否得到了足够重视？重视程度如何？

区块链钱包与传统意义的互联网钱包相比，各有异同。相同之处是在普通用户看来，两者都有一个账户的概念，转账都需要输入密码进行确认。

两者的不同之处更多。区块链钱包是完全公开透明的，只要知道地址，每个人（无需知道私钥）都可以查询该账户的余额及每一笔钱的来龙去脉，而在互联网钱包中，上述信息都是严格保密的，只有钱包的主人才能查询相关信息。区块链钱包是完全匿名的，而按照国家相关法律规定，互联网钱包是严格实名制的。区块链钱包和互联网钱包都是一个形象化的说法，两者本身都没有任何钱保存在里面。区块链钱包的钱是存储在区域链上，钱包只是一把钥匙，里面只有用户的私钥及其保护私钥的密钥；互联网钱包的钱是存储在相关公司的服务器上，钱包中连密码都没有存储，只提供了与服务器的访问接口，一切的操作都需要远程服务器的认证和授权。

由于严格实现了实名制，因此互联网钱包在认证钱包主人方面有一整套完备的认证体系。简洁版的认证方式有密钥授权、短信认证等，复杂版的有身份证件识别、人脸识别等，这样如果用户不慎忘记密钥，也可以通过其他方式重置密码，或者挂失账户，不会因此造成财务上的损失，问题的关键是证明"你是你"。

但对于区块链钱包来说，私钥是至高无上的，私钥就是一切。账户是匿名的，系统不提供除了私钥之外的其他认证手段，谁掌握私钥，谁就是钱包的主人。因此，对于区块链钱包来说，如果用户丢失了私钥，那么就失去了一切。

这使得区块链钱包私钥的保存和备份显得无比重要，怎么强调也不为过。硬件钱包的出现，就是以硬件的方式帮助用户存储私钥，同时确保私钥永不触网，最大限度地保障钱包私钥的安全。

作为用户与区块链最常用的接口，区块链钱包的研发目前是一个热点，因为钱包是保护用户数字资产的第一道防线，在安全性方面的重要性毋庸置疑。目前区块链钱包的种类不下百种，大体上来说，如果是安全人员出身的团队研发的区块链钱包，在安全性上会有更多的考虑和设计，从而也具备更高的安全性。因为安全的钱包是设计出来的，而不是后来通过打补丁修改出来的。

问题3：

目前市面上的区块链钱包种类繁多，对于小白用户来说，如何选择？需要关注哪些问题？对于可能的问题钱包，有没有简单的识别方法？

出于研究的需要，我们曾经对一些钱包产品进行过简单的测评，发现的常见安全问题主要有以下3点：一是用户私钥存储过于随意，没有充分考虑私钥存储的安全性，存在泄漏风险；二是用户的转账过程缺乏足够严格的验证机制，容易遭受中间人攻击；三是用户的身份验证机制不够完善，钱包容易被盗用。

首先，我们认为钱包的安全性是压倒一切的，一个不安全的钱包将会把你的资产置于风险之中，有不如无。然而，在钱包的选择方面目前还没有有效的石蕊试纸，为此在选择钱包的时候，要大体把握3个原则：口碑、团队和历史。

一是口碑。大家对钱包的评价如何，好中差评都要看，从别人的评价中得出对钱包的直观认识。

二是团队。钱包团队是否有安全背景，是否有专门的安全技术人员，是否经过权威机构的安全测评，等等，我们需要有一个全面的了解。

三是历史。该钱包历史上是否发生过安全事件，造成的损失如何，团队是如何应对的，善后情况如何，我们要做到心中有数。

以上3点只是为了尽可能快速、简单地对钱包作出一个客观公正的评价，而真正全面、深入的判定还是应当通过对钱包进行专业的测评才行。

问题4：

关于冷钱包，市场上虽有普及，但是真正使用的比例却不高，是什么原因导致了这种局面？是与普遍的安全需求不匹配吗，还是成本或其他方面的原因？相较于热钱包，冷钱包的优势在哪里？

冷钱包是离线存储的，主要体现为两种形式，一种是专门用来存储钱包的、从不联网的终端设备；另一种是以硬件形式设计的专用钱包。冷钱包的普及率不高主要有以下3个方面原因：

一是成本偏高。如果是用一个专门设备来存储钱包，那么这个设备以后就再也不能联网了，基本上是专机专用，不是每个人都有这样的闲置设备承担此类任务；如果是购买专门的硬件钱包，价格也不便宜，普遍在几百元到几千元。虽然未必是主要因素，但成本高绝对是阻碍冷钱包普及的因素之一。

二是学习门槛高。与热钱包相比，冷钱包的使用方法更加复杂，对于普通人而言比较难以掌握。

三是使用不便。热钱包的使用便利性是冷钱包没法比的，因为冷钱包主打安全，因此便利性自然就大打折扣。对于普通用户而言，如果使用冷钱包进行转账，感觉会比较费时费力。

其实，冷钱包和热钱包并不对立，而是互为补充。一般的使用建议是，冷钱包存储大额资产，以确保安全；热钱包存储小额资产，以便于日常使用。

问题5：

资产保护是普罗大众的一个基本需求，尤其是在互联网普及、移动互联爆发的时代大背景下，实物资产开启了数字化进程。区块链技术的出现毫无疑问加速了这一进程，并对数字资产的安全保护问题提出了新的要求。如何看待数字资产安全行业未来的发展？现在市面上已经出现了"找bug即挖矿"的玩法，这样的"区块链思维"对未来互联网安全领域的发展会产生哪些影响和变化？

区块链技术的发展催生了数字资产行业，数字资产行业的发展为信息安全行业提供了更加广阔、更有价值的发展空间。因此，数字资产安全行业未来的发展前景是非常乐观的。

最近几年，随着网络安全法等相关法律法规的实施，国家对信息安全工作日益重视，提出"没有网络安全就没有国家安全"，信息安全行业正变得越来越热门。

对于一般行业而言，信息安全是锦上添花而非必需。产品经理经常被建议，在安全上的投入成本不可超过研发成本的10%，初期版本甚至可以完全不考虑安全。这种建议绝非无的放矢，因为产品在研发阶段，确实是功能和性能优先，将有限的资源放在刀刃上是明智的，信息安全工作在这里并不影响大局。

但是对于数字资产行业，则完全是两码事。信息安全从配角变成主角，从可选变成必需，不安全或安全度不够的数字资产将会被一票否决。这种认识上的巨大转变并非自然而然发生的，在很大程度上是被血淋淋的现实教育的结果。

数字资产虽然历史不长，但是安全问题却特别引入关注，信息安全问题从来没有在哪个行业得到比数字资产这个行业更多的重视。一次次的数字资产被盗和丢失事件以最直接、直观的方式对用户进行了一次又一次的安全风险教育，从而彻底扭转了信息安全工作在区块链用户心目中的印象。信息安全已经成为数字资产行业的守护神和生命线，因此，数字资产安全工作的未来是光明的。

至于"找 bug 即挖矿",这是区块链矿工组织机制在信息安全领域的应用。区块链思维正在改变着各行各业,信息安全领域也不例外。比特币、以太坊等区块链领域的实践证明,以代币激励为特征的挖矿组织方式对实现分布式组织的有效运转起到了举足轻重的作用。通过对 bug 发现者的奖励,实现新型的信息安全工作组织方式,这是对当前日显紧缺的信息安全资源更加有效的利用。

(二) 关于交易所安全

问题 1:

钱包的主要功能是用来存储,而交易所主要功能是满足流通和交换的需求。是不是安全加固方面的工作量上升了一个数量级?主要有哪些环节是需要重点关注的?

交易所是区块链产业链条中的重要一环,承载着活跃市场、促进流通的重要作用,但是,与普通的钱包相比,交易所尤其是中心化交易所的安全问题更加重要。安全问题已经成为交易所关注的首要问题,甚至成为决定交易所存亡的关键。

2015 年 10 月 23 日,新西兰数字资产数据公司 Brave Newcoin 网站发表了一篇文章,详细统计和分析了 36 家已经销声匿迹的比特币交易所。其中,2 家被收购,继续存活;16 家资金困难,2 家被银行列入黑名单,4 家违法;13 家受到黑客攻击而倒闭。

我们可以看到，因受到黑客攻击而倒闭的交易所占比超过三分之一，这也充分说明了安全问题在交易所运营中的重要性。

交易所安全问题之所以重要且更容易遭受黑客攻击的主要原因如下：

一是资金量巨大，发起攻击的诱惑更大。目前，中心化交易所在数字币交易领域占据主流地位，大量的数字资产向交易所集聚，在交易所中沉淀。这使得交易所犹如黑暗中熊熊燃烧的火炬，吸引了攻击者极大的注意力。与普通用户钱包中的有限数量相比，交易所中积聚的海量资金使得交易所成为攻击者的首要选择。试想一下，一旦攻击成功，收益之大难以想象，攻击者愿意为此付出任何代价。

二是涉及环节众多，可选择的攻击点多。交易所作为一个资产频繁转移和高速流动的场所，资产的流转过程绝非风平浪静，而是充满了风险，明抢暗夺的故事每天都在发生。从用户把资金存储在交易所开始，就面临各种各样的风险。包括假冒网站的钓鱼攻击，资产存入和提现阶段的地址冒充和劫持、金额篡改，资金存入之后的账户信息泄漏，交易所钱包被盗导致的连带风险，等等。可以说，从用户进入交易所到用户离开交易所，几乎每个环节都可能遭遇黑客攻击，这使得交易所的整体安全风险急剧增加。

三是涉及人员众多，容易从薄弱点切入。普通用户的钱包一般而言只有一个人掌握，这个秘密可以相对容易地保守。而交易所作为一个组织机构，涉及人数和部门众多，想要保证绝对安全绝非易事。有句英文谚语："A secret between more than two is no secret"，意思是说，两人以上知道的秘密就不算秘密。这背后的意思大致可以形容交易所面临的安全困境。

与对普通人钱包的攻击不同，黑客一旦决定对交易所发起攻击，他可以下手的对象绝不仅仅是一个人，各部门负责人、系统运维工程师、交易所高中层管理人员，甚至普通技术人员，都可以成为他的渗透和攻击对象。只要让他在某个环节中发现一丝漏洞，就有可能变成一扇洞开的大门。

这是一场不对称的战斗，防守方必须做到处处安全，而攻击方则只需要找到一处弱点。

对于交易所来说，虽然需要全面防护，但依然有轻重缓急之分，我们认为以下7个方面属于防护的重点环节：

一是防钓鱼网站，防假冒客户端软件。交易所通过设定各种防伪措施，帮助用户识别真实网站和真实客户端软件，避免被诱骗。

二是基础设施的安全防护。包括主机（或者云主机）、域名、CDN等底层服务的安全，网络设备的安全，操作系统平台的安全，访问控制和权限管理，各种对外接口的安全管控等，都是交易所安全运行的基础。

三是用户身份的严格验证。这里的用户不限于真实个人，同时也包括通过API接口访问的机器设备等。交易所需要采用合适的身份验证方案，对用户身份进行全面、深入的验证，避免用户身份被冒用。这些身份验证方案包括但不限于生物识别、PIN 码、数字证书、硬件认证设备等。

四是存币、提币、转币等敏感操作的安全审核。存币、提币、转币等操作直接涉及资产的转移，属于黑客最容易切入的攻击点，安全风险级别较高，因此应当进行足够的安全审核，排除可能存在的安全风险，确保资产安全。

五是敏感数据的严格保护。在交易所中，有很多数据需要得到保护，但其中有些数据是格外敏感和重要的，需要采取特别的措施进行重点保护，比如用户账号库、钱包私钥等。对比切勿轻视，更不要有侥幸心理。

六是异常操作的感知和预警。交易所应当建立风险评估机制和安全态势感知系统，对操作的安全性进行实时监测和分析，当发现异常行为时要及时发出预警，有效提升交易所安全等级。

七是健全管理制度，增强员工尤其是高管的安全意识，杜绝社会工程（social engineering attack）攻击。健全的管理制度是交易所安全体系的重中之重。因为所有的安全技术最终都要落实在人的身上，技术系统需要人来操作、管理和维护，工作流程需要人来实施，各类资产需要人来管理。唯有依靠完善的管理制度、充分的安全培训、增强员工，尤其是高管的安全意识，才能让人不敢、不能、不愿犯错，从而形成交易所安全管理的坚固基石。

问题 2：

交易所的安全事故屡见不鲜，远的有 Mt. Gox 比特币被盗事件，近的有 OK、币安等交易所的用户账户资产被盗。请挑选典型案例详细解读一番。

前文有述，超过 36% 的交易所是因为黑客攻击而倒闭的，可以说，形形色色的安全事故贯穿交易所的整个发展过程。下面我们以 ShapeShift 交易所的一次安全事故为例，对交易所常见的安全案例进行解读。

ShapeShift 是加密的货币交易平台。2016 年 3 月 14 日，ShapeShift 的一名员工从自己公司的热钱包中盗走了 315 比特币。ShapeShift 报警并对该名员工提起了民事诉讼。

然而事情并没有结束。2016 年 4 月 7 日，在网站迁移过程中，ShapeShift 发现其 3 个钱包已经被黑客攻击：分别是比特币、以太坊和莱特币（约 97 比特币、3600 以太坊和 1900 莱特币）。

于是 ShapeShift 官方将网站下线并进行了全面的安全检测，并在一台全新的主机上重置了所有密钥并重建了基础设施。在重建过程中，交易所与黑客取得了联系，黑客表示几个月前 ShapeShift 的一位员工为他提供了攻击所需的所有信息。

至此，事情的真相浮出水面：ShapeShift 的这位前雇员不但自己盗窃了公司钱包中的资产，而且还出售了攻击需要的能够接入受影响钱包的数据，从而导致交易所的二次损失。

这是一起非常常见的交易所安全事故，也是一起非常典型的安全事故。过程很简单，交易所的技术平台也并没有被攻破，但是依然造成了不小的损失。这次安全事件与技术关系不大，而与管理关系更为密切。

仔细分析 ShapeShift 交易所的这一系列安全事件，可以得出以下经验教训：

一是 ShapeShift 交易所内部对于员工的管理流程及敏感操作的安全管控平台存在严重漏洞。在完善合理的管理制度下，不应该存在内部员工可以把公司钱包中的资产自行转移的做法，原因可能是不敢，也可能是不能。前者属于管理制度范畴，后者属于技术范畴。不管是管理还是技术，都是从不同角度实现对员工行为的有效管控，最终目的都是一样的。就目前来看，两者相结合是最佳选择。ShapeShift 交易所显然在这一方面是欠缺的，这才导致内部员工可以随意转走公司资产。

二是 ShapeShift 交易所的应急响应制度和流程存在严重问题。当员工盗窃事件发生之后，交易所没有及时梳理与该员工相关的安全风险点，并及时启动应急响应流程，导致员工出售的信息依然有效，并被黑客利用，导致损失继续扩大，这是非常不应该的。

究其原因，一方面，可能是制度不完善的缘故；另一方面，还可能是人性中的侥幸心理和惰性作怪，过于乐观，想当然地以为安全事故到此为止，没有积极行动，采用一切手段修补所有可能的风险点。

我们举这个例子，更多地是想引起交易所运营方对安全管理的重视，不要一味地强调技术因素。

例子虽然简单，但是教训却非常深刻。在此我们借用建设工地上常见的一句标语来结束这个案例：安全来自长期警惕，事故源于瞬间麻痹。

问题3：

中心化交易所的资产安全，除了面临外部威胁和攻击外，是否也会面临"监守自盗"的问题？如果出了问题，在技术手段上能否识别和警示这种"道德风险"，促进监管？

交易所内部的"监守自盗"问题是毋庸置疑的，这一问题在历史上已经出现过很多次，前面我们讲过的ShapeShift交易所的安全事件就是个典型的例子，甚至不仅有员工个人的"监守自盗"，还有交易所官方直接参与的"监守自盗"。这也算是去中心化交易所一直用来攻击中心化交易所的武器之一。

在现有的政策环境下，对中心化交易所并没有有效的外部监督机制，甚至交易所自身的内部管理制度也存在诸多漏洞，再加上各种交易数据一手掌握，难免做到一手遮天。特别是很多问题只能事后追查，给作案者留有充足的处理现场的时间，这样也造成很多疑案的发生，其中相当大一部分可能永远都成为未解之谜了。

对于中心化交易所来说，要在一定程度上解决上述问题，有3点建议：

一是积极地迎接监管，而非拒绝监管。外部监管有利于交易所自身机制的完善，对于交易所的健康发展有百利而无一害，每个希望长远发展的正规交易所都应当欢迎来自政府、社会等外部各方的监管，这也是数字交易所未来做到取信于用户、正规化发展的必然趋势。

二是健全内部管理机制，完善技术流程。交易所通过自身的管理变革和技术升级，在管理制度和技术流程上，实现内部人员不敢、不能、不愿"监守自盗"，这是完全有可能的。

三是引入可信第三方（Trusted Third Party，TTP），进行定时不定时的安全审计。实现公开、公正、公平的交易环境，前提是数据的透明性，如何打破交易所一手遮天的黑箱迷局？一个常用的做法是，通过引入可信第三方，对交易所的数据和操作日志等信息进行定时或不定时的安全审计，一方面让外部公众有充分的知情权，另一方面也可以帮助交易所及时发现内部的安全隐患。

这种做法类似于上市公司的财务审计制度，通过引入可信的第三方会计师事务所对公司财务状况进行合理审计，达到取信于民、消除误解的目的。

问题4：

和中心化交易所相比，去中心化交易所降低了来自内部的潜在威胁，除此之外，去中心化交易所在安全方面还有哪些优势？

和中心化交易所相比，去中心化交易所不仅降低了来自内部的潜在威胁，外部安全水平也得到了很大提升。

首先，去中心化交易所的资金存储在每个用户的钱包中，不存在中心化交易所那样的巨额资金池，因此也就不存在黑客们垂涎欲滴的大钱包，极大降低了黑客发起攻击的兴致，从根源上消除安全风险。

其次，去中心化交易所中的交易透明度是中心化交易所无法比拟的，可以保障每笔交易都是真实交易。对于交易所和庄家们来说，做庄和控盘的难度增加了，对于散户们来说，被收割的风险也降低了。

最后，去中心化交易所基于区块链撮合交易机制，再辅以跨链技术，容易实现交易所之间的联合，实现客流的共享，同时通过自动撮合机制，可以极大地扩展交易空间，增加交易深度，提高成交率，从而有望真正实现价值在互联网上的无缝流通，形成真正的价值互联网。

目前来看，尽管中心化交易所由于较高的交易效率和较低的学习门槛，依然是用户数字交易的主流，但是去中心化交易所却拥有更旺盛的生命力，更广阔的发展空间和应用场景。

问题5：

世界上最早买卖股票的市场出现在1602年的荷兰，当时没有独立的股票交易所，股票只能和香料、纺织品、谷物等其他商品一起在综合交易所里面进行交易，直到100多年后的1971年第一个电子证券交易市场——纳斯达克在美国创立。后面的发展速度大家都知道了。区块链的出现，也许又会给交易所的发展带来又一次加速。价值互联时代,价值的流转,或简单地说,"交易",会是一个硬需求。而应该如何看待数字资产交易所未来的发展,以及由交易所发展带动的安全需求、安全防护工作的变化和发展?

我们认为,在价值互联网的时代,交易将成为硬需求,一切都是交易,交易提供一切。交易所基于自身优势,必将继续成为交易发生的主要场所之一。

基于在价值互联网时代"交易将成为硬需求"这一判断,交易所将自然而然地成为未来价值互联网的核心基础设施,扮演极其重要的角色。

届时,交易所的重要使命是实现价值的无缝流转,特别是价值在网络上的无障碍交换、转移、流通。交易所的具体形态可能会发生巨大的变化,现有的中心化交易所将远远不能满足未来价值交换和流转的需求。未来的交易将是无处不在、无远弗届的,因此未来的交易所也必然是无孔不入、触手可及的。对照这一需求,去中心化交易所的系统架构和交易场景将更加符合人们对未来交易所的期望,因此也具有更加旺盛的生命力。这也是我们更加看好去中心化交易所的原因之一。

与传统的信息互联网相比,价值互联网更加需要安全防护,对安全的需求也更高。随着交易成为硬需求,交易所也将成为人类社会的核心基础设施,承载着人类社会正常运行的重任,因此对交易所的安全防护,在某种意义上将成为保护人类社会正常运

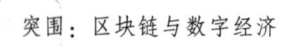

转的客观需求。

每一次的价值流转和交换都可能成为黑客的攻击目标。与之对应地，对安全防护工作的需求，也必将迎来大爆发，与交易所的未来发展形态相适应。

(三) 关于区块链底层安全

问题1：

钱包安全和交易所安全是比较前端的应用，普通用户平时经常会用到。而区块链底层安全则更偏技术化和后端。那么，区块链底层包括哪些内容？数据层、网络层、共识层都包含在内吗？安全性体现在哪些方面？

关于区块链底层的层级划分问题，尚无权威的国家或者国际标准颁布，一直是众说纷纭。但对于区块链的基本架构目前已经有比较统一的共识。下面我们从数据层、网络层、共识层3个角度阐述区块链底层的安全问题。

第一，数据层是区块链底层安全的核心。以比特币为代表的区块链从诞生之初就主要是以分布式账本或者分布式数据库的形式被世人所认知的。以分布式账本为主的底层数据是区块链安全运行的核心，区块链底层安全工作的最终归宿都是为了维护底层数据的安全、完整和无误。只要底层账本数据没有问题，那么就可以认为区块链的安全是有基本保障的；相反，一旦底层数据出现错误，那么所有安全工作的成果都是差评。

第二，网络层是区块链底层安全的基础。从结构上来看，区块链本质上是一个分布式的 P2P 网络，所有节点之间消息的传递、数据的同步全都依赖于 P2P 网络的通信机制，一旦网络层出现安全问题，区块链的安全基础就会被动摇，所以网络层是区块链安全的基础，区块链底层的安全一定是要构建在一个强健、稳定的网络基础之上的。一旦网络层出现问题，区块链底层的安全将受到极大威胁。目前已出现多起瞄准网络层发起的安全攻击事件，比如针对以太坊的日蚀攻击等。

第三，共识层是区块链底层安全的关键。"共识"是区块链技术的核心概念之一，前面提到过的底层账本数据就是共识的结果。底层账本数据的重要性前面已经反复强调过，达成一个让众多节点公认的正确结果，前提就是共识机制的安全性。由于各种安全机制的保护，区块链底层数据难以被直接攻破，因此很多攻击者将目光转向产生底层数据的共识机制，企图通过对共识机制的操纵达到更改底层数据的目的，这也使得对共识层的安全防护变得日益重要，并成为区块链底层安全的关键所在。

问题 2：

我们知道，区块链底层是支撑整个区块链生态的关键性基础设施。如果底层不安全，那么像转账、智能合约，包括最上层的应用等，将会受到哪些具体影响？

区块链底层的安全是整体安全的基础，并且通常无法通过上层解决。因此，如果区块链底层不安全，那么像转账、智能合约，包括最上层的应用，都将处于高风险之中。因为上层的各种应用都是基于底层提供的基础服务运行，并通过底层数据进行传输。底层的不安全必将给上层带来极大的安全风险。有些上层的安全风险虽然可以采用打补丁的办法来弥补，但是会造成应用的臃肿和复杂化；而有些上层安全风险是完全无法弥补的，只能通过底层来解决。因此区块链安全问题要着眼底层。

比如，虚拟机自从被以太坊引入区块链系统之后，已经成为区块链底层不可或缺的基础部件。然而由于虚拟机安全问题引发的区块链安全事件却层出不穷，最典型的问题就是由于虚拟机缺乏溢出检测机制而导致计算溢出问题。更进一步举例，以太坊虚拟机 EVM 定义无符号整数为 uint256，可以表示一个 256 位的大整数，但是底层的虚拟机模块并没有提供溢出的检测机制，这样一来，如果区块链使用不谨慎，就容易造成之前我们常见的溢出攻击，比如最近很热门的 God.Game 事件。

此外，"gas[1] 费用的较高者优先被打包进入区块"的机制，理论上来讲，是为了让区块链更便于使用，激励用户为生态贡献力量，但是在某种情况下会被攻击者利用并成为安全漏洞，Fomo3D 攻击就是利用了这点发起消耗巨量 gas 的垃圾交易，并获得了胜利。这也是由于底层不安全导致上层应用出现安全风险的

---

[1] gas 指"汽油费"，最初是在以太坊区块链上用于衡量消息消耗的计算和存储资源。

案例。

问题3：

安全的钱包是设计出来的，而不是通过打补丁修改出来的，这是否也同样适用于区块链底层？大家平时对诸如电脑端的Windows系统补丁、手机上的iOS或Android的升级等都习以为常了，区块链底层也会发展成这样吗？

安全是一个没有尽头的事业，没有一步到位的安全，也没有百分之百的安全。"安全是设计出来的，而不是打补丁修改出来的。"这里并不是把安全设计和安全补丁对立起来，这句话的主要意思是，安全需要从产品的设计之初就被纳入考虑范畴，在整体框架的设计上融入安全的思想，而不能一开始不管不顾，只管多拉快跑，事后再妄图通过打补丁的方式提升安全水平。系统的基本设计一旦定型，遇到安全问题再打补丁不仅费时费力，而且很多问题已经无法在现有框架内解决，除非把整个系统推倒重来。

因此，安全设计是必须的，就像房子的地基一样，如果地基都没有建好，后面的安全机制都是空谈。安全设计是系统安全的基础，是系统的先天体质，同时也是后续安全补丁的基础。由于在设计之初不可能一步到位，加之安全环境的不断变化，所以安全补丁也是必需的。安全补丁是对初始设计的补充，是后天的增强，先天的安全设计和后天的安全补丁是相辅相成的，二者共同增强系统的安全能力。

随着安全环境的变化，电脑端的 Windows 系统和手机端的 Android、iOS 系统都需要不断地打补丁，但由于它们都是单机中心化系统，更新升级是非常方便的，一般都是在线升级，一键搞定。

进入区块链时代，最大的变化就是从中心化单机环境变成了去中心化的分布式环境。一个区块链平台经常涉及几十万甚至上百万的节点，与传统环境相比，更新升级的难度超出想象。一旦出现问题，需要对整个网络进行更新，让每一个节点都打补丁，时间成本与经济成本都较高。区块链平台的更新需要全网节点，但由于分布式环境的复杂性，有时候无法达成一致，这样就会导致同一个网络中运行不同的系统，即所谓的分叉，所以区块链的更新升级打补丁是一件非常麻烦的事情。升级之前的社区协商和动员工作就是一项极有挑战性的工作，尤其是涉及各种利益纠纷时，更是不可能完成的任务。以太坊就发生过分叉事件，统一的以太坊社区发生分裂，造成了 ETH 和 ETC 并立的分裂局面，这对以太坊生态体系而言是一个重大损失。

当然，将来的区块链平台也有可能像魔兽世界一样升级，所有节点在固定的每周或者每月，全部统一打补丁。当然，鉴于区块链平台未来更新升级的繁琐性和不确定性，我们强烈建议在设计阶段就充分考虑其安全性。在这方面，比特币是我们的楷模。

区块链底层平台的开发工作一度是一个热点，大大小小的公链不下数百家。我们认为最终突出重围的王者必将是安全性突出的区块链平台，而中途夭折的有相当比例因为安全问题。

问题 4：

比特币自从 2009 年问世，基本稳定运行，没出过大的问题。它的底层安全性有什么独特优势吗？比特币底层不适合大规模商用，是不是意味着安全性和商用性之间存在着矛盾？其他底层该如何吸取或借鉴比特币底层的安全经验？

说到比特币平台的安全性，不得不提起比特币的创始人中本聪，比特币在设计之初就对安全性考虑得非常全面，设计得非常周到，甚至在很多地方为了安全性舍弃了很多非核心的功能。

同时，中本聪始终坚持"越简单越安全，越复杂越危险"的原则，为此他不惜削减了大量周边功能，包括将比特币底层功能限制于转账等基本指令，而没有采用后来以太坊采用的图灵完备的指令体系，更专注于基于区块链技术实现电子现金系统的这一核心目标。在共识机制上，比特币采用了最简单也最费力的 POW 机制。所有这一切，都极大限制了比特币的应用场景，但也给比特币带来了无与伦比的安全性。

比特币平台是自出现以来安全事件最少见、安全补丁打得最少的区块链平台。作为第一代区块链平台，用户可能对比特币平台有这样或那样的不满，但对比特币平台的安全性从来都是非常信赖的，而比特币平台也确实没有辜负用户的信赖。这也是我们一直倡导的核心安全理念："安全的系统是设计出来的，而不是打补丁修改出来的。"

比特币不适合商用并不意味着它的安全性和商用性之间存在矛盾，这与比特币的核心定位有关。从设计之初，中本聪对比特币的定位就是一个安全可靠的电子货币系统，从这一点来看，比特币相当完美地实现了这一目标。

鉴于商用场景的复杂性，像比特币这样单一的区块链平台无法满足多样需求，因此需要像以太坊等这样的区块链 2.0/3.0/4.0 等平台不断演进，同时在演进过程中需要同时关注平台的安全性和商用便利性，找到这两者之间的平衡点。在安全方面，比特币已经成为很多区块链平台的榜样，而在商业应用方面，则需要根据具体的应用场景和核心需求，将其与区块链的技术优势相结合，实现商业应用和安全性的平衡发展。

总结比特币平台在安全方面的成功经验，我们认为主要有以下 3 点：

一是系统设计之初即融入安全思想，为区块链平台先天注入安全基因。

二是遵循"如无必要，勿增实体"的奥卡姆剃刀定律，不在核心目标之外做画蛇添足的事。

三是涉及核心安全方案时，要慎重取巧，甚至宁拙勿巧。

在继承中创新，在创新中发展，这应当是我们面对比特币这一区块链技术"老前辈"的正确态度。

(四）关于智能合约安全

问题1：

智能合约是否属于底层范围？平时使用的转账功能是不是也属于一种智能合约操作？

智能合约的概念于1994年由Nick Szabo首次提出。按照通常的定义，智能合约（smart contract）是一种旨在以信息化方式传播、验证或执行合同的计算机协议。智能合约允许在没有第三方的情况下进行可信交易，这些交易可追踪且不可逆转。

我们现在常说的智能合约，就是一段写在区块链上的代码，一旦某个事件触发合约中的条款，代码即自动执行。智能合约属于区块链上层中的合约层，一般不列入底层范围。智能合约的出现是对区块链能力的一种扩展。

至于转账功能，虽然智能合约也可以操作转账，但不能简单地说转账功能都属于智能合约操作。转账是区块链底层最核心的操作之一，属于区块链底层提供的基础服务。智能合约实现的转账功能也是通过调用区块链底层的转账指令实现的。

在现实社会中，执行合约需要耗费大量的社会资源。比方说，A、B两家公司签订合同，后来A违反合同条约，导致B损失重大。B想要拿回属于自己的东西，于是向法院起诉。就算B打官司赢了，判决书生效后，他还需要向法院申请强制执行，包括立案、提供财产线索……整个流程下来，每个参与的人都劳神

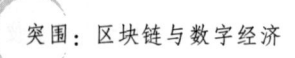

费力，尤其是本来就是受害方的 B。

而智能合约能让这一切变得简单很多。智能合约和上述传统合约的区别就在于"智能"，不涉及人类的主观想法，无需人工参与，一切皆代码。

因此可以说，智能合约是借助 IT 技术实现社会治理的积极尝试，具有广阔的发展和想象空间。

问题 2：

智能合约的安全是不是可以概括为"代码的安全"？是否可以这样理解，因为其自动执行代码，执行过程中的环节少，所以排除了人为因素？

智能合约本质上就是一段部署在区块链上的代码，并且具有部署之后无法修改的特性，因此智能合约的安全可以简单概括为"代码的安全"，这没有太大问题。这也说明了代码安全在智能合约安全中的极端重要性，当前的智能合约安全工作基本也是围绕智能合约代码展开的。

但是如果说由于智能合约的自动执行排除了人为的因素，所以安全性得到极大提升，则也不尽然。

首先智能合约无法完全排除人为因素，因为就目前而言，智能合约还都是人工编写的。其次，从信息安全的角度来说，人的作用是两方面的。固然，人的介入经常会给信息系统的运行带来诸多变数和不可预知的因素，但在很多时候，人也是信息安全工作的有效捍卫者，是信息系统有效运作的积极补充。因此在很多信息安全系统中，大量引入人工审核、人工认证、人工审批等模块，不但可以增强信息系统的灵活性，而且可以增强信息系统的安全性。

在排除了人为因素之后，智能合约的执行过程一方面确实减少了人为因素的负面影响，但是另一方面也排除了人为因素在系统运行中的积极作用。

简单来说，限于当前的技术水平，智能合约存在被攻击者攻破和利用的可能。与普通应用不同，智能合约一旦部署之后人工干预会变得非常困难，甚至无法干预。因此，完全将人从智能合约中排除出去，真正实现全自动运行和自治操作，有一个很重要的前提条件，那就是智能合约需做到百分之百的安全，能够实现百分之百的功能。

但是，在可以预见的相当长的时期内，这是不可能的。因此，目前智能合约只能被局限于一个非常有限的场景下施展拳脚，距离我们所期待的基于智能合约的自治社会还非常遥远。

问题3：

一个智能合约的编写初期，假设有20种函数，有潜在漏洞的比例通常是多少？有哪些函数会是高危类型？会涉及资产划转吗？有哪些安全建议？

"世上没有废物，只是放错地方的宝藏。"类似地，我们没法简单地说函数的安全性如何，因为更重要的是你如何使用这个函数。所谓安全的函数，当它被错误地使用时，会变得无比危险。

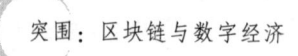

而大家一直认为的危险函数，当它被正确地使用时，可能会化腐朽为神奇。

涉及资产转移的操作往往是高危操作，确实需要格外的留意和小心。但是隐患险于明火，如果过度关注转账等敏感操作，而忽视了其他方面的安全问题，有可能会忽视真正的潜在危险。

对于智能合约的编写，我们简单提以下几个建议，供参考：

第一，对智能合约编写工作要真正重视起来，切勿视作普通的程序编写工作。

第二，不安全的智能合约等于开门揖盗，有不如无。

第三，要充分认识到你所编写合约的实际运行环境是一个不可信的分布式环境，尽可能做最坏的安全设定，切勿盲目乐观。

第四，在没把握的情况下，尽量使用成熟的算法和框架，创新也要循序渐进。

第五，对智能合约开发人员进行足够的安全培训，确保开发中的安全意识。

第六，智能合约在设计之初即需要安全人员的深度介入，建议最好在设计、开发、测试、部署的整个开发生命周期中保持安全人员全程参与，并高度重视安全人员的意见和建议。

第七，要确保在代码审计和安全测试方面足够的人力物力投入。

问题4：

2016年年中，以太坊上发生了一个重大事件：当时以太坊上最大的众筹项目 The DAO 编写的智能合约出现漏洞，攻击者从 The DAO 项目的资产池转出了 300 多万枚以太币到自己建立的子 DAO 里，市值 5000 万美元，最终迫使以太坊开发人员执行了"硬分叉"将资产找回。能否解读一下这一重大事件带来的影响和启示。

The DAO 安全事件是区块链安全史上的里程碑事件，The DAO 及后续发生的 Parity 钱包事件直接导致了以太坊的安全寒冬。

如果说之前区块链安全还只是传说中的幽灵，并未引起大多数人的注意，从 The DAO 事件之后，区块链安全问题成为实实在在地悬在区块链行业头上的达摩克利斯之剑。

实事求是地说，The DAO 安全事件并不属于以太坊底层的安全问题，而是涉及上层智能合约的安全问题。但是这一事件的发生，给以太坊社区带来了极大的挑战，最终导致了社区的分裂和以太坊的硬分叉。时至今日，我们再次回顾 The DAO 安全事件，有两件事值得一提。

首先，区块链安全，特别是智能合约安全正式步入人们的视野。

作为区块链发展史上的力量倍增器，智能合约从诞生之初安全就一直是躲不开的热门话题，但是在 The DAO 事件发生之前，对智能合约一直以理论探讨和争论为主，The DAO 事件发生之后，久悬的靴子终于落地，传说中的噩梦在现实中真实发生。

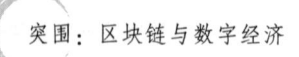

The DAO 事件及其后续的一系列安全事件以血淋淋的现实让人们真切认识到区块链领域安全事件的严重后果,从此对区块链安全和智能合约安全的研究进入了一个新的阶段。

The DAO 事件的发生并没有导致区块链发展的停滞,而是让人们真切地认识到,智能合约不是简单的计算机程序,它应该作为严肃的社会契约,重任在身。因此,智能合约的开发也不能仅仅看作是普通的软件开发,而应当视作是一种严肃的契约的编写,部署之后将要面对形形色色的人,会遇到各种异常,关系千家万户的悲欢,这无疑对智能合约的编写工作提出了极高的要求。

在智能合约的编写阶段,人的重要性前所未有地突出。智能合约的安全关键在于代码,代码的安全关键在于人:写代码的人、测试代码的人和审计代码的人。我们比任何都时候都更加需要高水平的程序开发人员、测试人员和安全审查人员。

The DAO 事件开启了智能合约发展的新阶段,使人们在短暂的惊愕之后,更加清醒地面对区块链和智能合约的未来。

其次,在 The DAO 事件处理过程中,以太坊的做法值得借鉴和思考。

在区块链安全发展史中,The DAO 事件只是一个开始,类似的事件将层出不穷,面对此类问题应当如何处理?这是 The DAO 事件留给我们的另一启示。

我们认为,以太坊社区在 The DAO 事件的处理过程中,表现出足够的智慧和灵活性。在事件的真相被充分认识之后,以太坊社区没有"原教旨主义"式地坚持合约完全不可更改(虽然这是智能合约的重要特色),而是坚决地实施了回滚操作,即使社区分裂也在所不惜。虽然最后导致社区分裂,但是也正是这一分裂,如同一面镜子,从正反两方面验证了这一做法的正确性。分叉之后,采取更灵活策略的 ETH 社区比僵硬坚持"祖宗之法不可变"的 ETC 社区明显更有生命力,得到更多人的认可,在现实中得到更多应用。

The DAO 事件发生之后,以太坊社区一度面临非常艰难的局面,但最终使问题得到比较好的解决。The DAO 事件的发生、处理和结局给后来者很大的启发。新事物的发展过程不可能一帆风顺,在区块链产业的发展过程中,会遇到各种各样的复杂局面,这需要我们在充分认识问题实质之后,做出既有原则性又有灵活性的处理方案。

问题 5:

智能合约未来的发展空间很广阔,可能会取代房产中介、律师等职业。随着智能合约越来越深入生活,现有的法律系统也有望被颠覆,真正实现"代码即法律"(code is law)。可以预见,代码安全审计的工作量和重要性也会达到一个前所未有的高度。

前面我们说过,智能合约是借助 IT 技术实现社会治理的一次尝试,其意义已经超出 IT 领域,不仅仅是一次技术革命,更有可能引发一次社会革命。

人类社会的有序运转很大程度上是由无数人为或者约定俗成的规则来维系的,前者包括法律法规,后者例如风俗习惯等。如果我们能够把这些规则全部以智能合约的方式体现,将人类生产生活全部纳入区块链世界,那么电影《黑客帝国》的场景似乎有望在现实中再现。

但是,理想很丰满,现实很骨感。

问题在于,人类社会无法完全被区块链世界所模拟,编写智能合约的代码表述能力极其有限,许多规则至今无法被量化为代码,很多线下资产还无法被数字化,现实世界的复杂性超出我们的想象,即使最复杂和高级的 IT 系统也无法完美映射现实世界。同时,人最终还是要生活在现实世界中,所有在区块链世界中的映射,都是现实社会的一个映像,它不能代替真实存在的现实,对映像的操纵无法等同于对现实的改变。在这种情况下,我们如何创建完全映射现实的智能合约呢?

更为重要的是,代码本身就是人写的,也必定会出现漏洞,再充分的审计、检查和测试也不敢保证代码是百分之百正确和安全的,那这时人们还等待智能合约的最终裁决吗?显然,在涉及巨大利益冲突时,人们就坐不住了,坚持原则性还是引入灵活性,将成为拷问人性的一个重大问题,这在 The DAO 事件中被诠释得淋漓尽致。

此外,我们必须面对的一个现实是:智能合约并不智能,更没有智慧。

智能合约的正确运用，在某种程度和一定范围内会改造人类社会的运作机制，提升人类社会的运行效率，但智能合约所能发挥作用的领域，目前来看还非常狭小。并不是人们不想给智能合约更大的空间，而是智能合约自身存在的局限性使其难堪重任。

对于智能合约在现实世界中所能发挥的作用，科幻作家和未来学家们尽可以大开脑洞，但作为技术人员，应当有清醒的认识，不宜给予过高的期望。智能合约被提出的初衷并不是来替代法律的，在特定的领域和范畴之内，智能合约自有其价值和用武之地，但超出相关领域和范畴，智能合约的捉襟见肘也是显而易见的。

我们认为，在可以预见的将来，智能合约无法替代法律，"代码即法律"只是一种过于理想化的描述罢了。机器人和人工智能都只是人类社会的附庸，智能合约也不会例外。人类怎会让几行代码主宰自己的命运？作为万物之灵，主宰人类的只能是人类自己。

从智能合约的现状和未来展望来看，《黑客帝国》终究只是电影。

四、基于区块链技术实现安全技术演进

下一代网络防御策略正迫切需要实现范式转换。由于使用了密码数据结构而不依赖于机密信息，对区块链上数据进行篡改的难度极大，这使得区块链具有增强网络防御的潜力。例如通过分布式共识机制防止未经授权行为的能力，通过其不变性、可审计性和多方共识机制提供数据完整性保护的能力。区块链为很多分布式系统中网络安全问题的解决提供了新的思路，如身份管理、溯源和数据完整性等。但是，不能将区块链视为可以解决所有网络安全问题的"银弹"，更不是应对所有网络安全挑战的灵丹妙药。

作为一项新兴技术，区块链技术在构建弹性网络防御解决方案方面提供了一些优势。第一，区块链是共享的、分布式的和容错的数据库，网络中的每个参与者都可以共享但没有实体可以控制，而且能够抵御单点故障。第二，由于使用密码数据结构并且不依赖于机密信息，区块链的篡改极具挑战性，从而确保数据完整性。第三，区块链假设网络中存在攻击者，使得攻击者做出破坏的代价非常高。网络安全的区块链解决方案可能代表了一种范式转变，即通过在一个无信任的环境中创建一个可信系统，防止数据被操纵。云计算、物联网（Internet of Things，IoT）正被用作分布式平台。然而，这些平台也有许多弱点易被攻击者获取敏感信息和中断服务。区块链赋能的安全平台将确保这些系统中交换数据的完整性，并降低数据泄露的风险。

根据《2018 财年国防授权法》，美国国防部将对区块链开展全面研究，特别是在网络安全方面的研究，以确保在战术场景和供应链中信息传递的安全性。

针对区块链技术在传统安全领域应用中的探索，目前已有学者提出，通过在云安全、物联网安全、情报共享等领域应用区块链技术，可提升其安全能力，引起广泛的关注和热议。下面以云安全为例，介绍目前学界在区块链安全技术研究方面的进展实例。

云计算已经在商业和军事环境中被广泛采用，支持数据存储、按需计算和动态供应。云计算环境是分布式和异构的，由不同的供应商提供不同的软件和硬件组件，可能会带来漏洞和不兼容的风险。云内和云间数据管理与传输的安全保障成为一个关键问题。只有对数据的所有操作实现可靠的跟踪，安全审计才能有效进行。数据溯源（data provenance）是一个从数据的原始来源开始确定其产品历史的过程。数据溯源可以帮助检测云计算基础设施中的访问冲突。然而，数据追溯仍然是云存储应用程序的一个关键问题。此外，数据溯源可能包含有关原始数据和数据所有人的敏感信息。因此，不仅需要确保云数据的安全，而且还需要确保数据溯源的完整性和可靠性。现有的基于云的数据溯源服务易受数据溯源意外损坏或恶意伪造的影响。

区块链技术由于其共享、分布式和容错的数据库引起人们的兴趣。通过这个数据库，网络中的每个参与者都可以利用诚实节点的计算能力使攻击策略失效。区块链网络是一种分布式的公共账本，任何单一交易都由网络节点见证和验证。区块链的去中心化架构可为云计算环境开发提供有保证的数据溯源能力。在去中心化架构中，每个节点都可参与网络并提供服务，从而提高了效率。区块链的分布式特征也使证据的可用性得到了保证。由于云服务中经常使用中心化的权威机构，因此需要注意保护个人数据的隐私。通过基于区块链的云数据溯源服务，所有的数据操作都是透明并被永久记录的，因此，用户和云服务提供商之间的信任很容易建立。此外，维护数据溯源有助于提高云用户对网络威胁信息共享的信任度，从而实现主动网络防御。

  有学者提出一种基于区块链的数据溯源架构 ProvChain，旨在确保云存储应用程序中数据操作的安全性，同时增强隐私性和可用性。ProvChain 将操作历史记录作为溯源数据，这些数据将哈希到默克尔（Merkle）树节点中。溯源数据的哈希列表将构成一棵默克尔树，树的根节点将锚定到区块链交易中，区块链交易列表将用于形成一个区块，该区块需要由一组节点确认才能包含在区块链中。试图修改溯源数据记录将等同于更改交易和区块。区块链底层的密码理论使得修改区块记录难度极大，除非攻击者能够呈现比其他矿工的区块链更长的链。通过利用区块链网络的全球规模计算能力，基于区块链的数据溯源可确保完整性和可信赖性。ProvChain 通过仅保留用户身份的哈希，可以达到避免其隐私泄露给区块链网络中其他节点的目的。

区块链与隐私增强技术

郭 宇[*]

一、隐私泄漏与隐私滥用的顾虑

2018年3月,美国著名运动品牌安德玛支付平台1.5亿用户数据遭泄露。

2018年6月,国内某快递公司10亿条用户信息数据遭非法出售。

2018年8月,国内某大型连锁酒店集团泄露用户信息共计5亿条。

2018年11月,万豪酒店集团旗下喜达屋酒店系统泄露近5亿客户的个人信息。

2019年12月,美国社交网站脸书大规模数据泄露,涉及2.6亿用户。

---

[*] 郭宇,安比实验室创始人。

2020年1月,微软客户服务系统泄露2.5亿条服务记录。

2020年4月,万豪酒店集团系统泄露520万名客户信息。[1]

我们已在互联网中生活近30年,各种数据正以指数级别的速度聚集,但承载大量个人数据的网站、企业与平台,似乎并没有妥善保管这些数据。数据泄露引发的影响已超越了任何个人、组织,甚至国家;非法分析隐私数据不仅造成重大的经济财产损失,还在不断侵蚀整个社会的经济、道德与法律根基。

什么是隐私?《辞海》中给出的解释是:不愿告人的或不愿公开的个人的事。

为什么隐私很重要?因为人们希望控制对自己身体和选择信息的访问权。[2] 隐私可以保护朋友和同事之间的亲密关系,并在陌生人之间建立起宽容的信任关系。隐私可以促进尊严,因为透露秘密或不经意的想法,或暴露自己的裸体或其他私人空间,会让人感到尴尬。隐私还可以促进我们的个性、自尊和自主性。隐私可以保护我们免受不受欢迎的宣传所带来的各种情感或心理

---

[1]《年终盘点 | 2018年最引人注目的国内外十大数据泄露事件》,https://www.freebuf.com/company-information/193325.html;"2019 Data Breach Investigations Report", https://www.phishingbox.com/downloads/Verizon-Data-Breach-Investigations-Report-PBIR-2019.pdf;"All Data Breaches in 2019 & 2020-An Alarming Timeline", https://selfkey.org/data-breaches-in-2019/.

[2] Ann Cudd and Mark Navin, *Core Concepts and Contemporary Issues in Privacy*, Berlin:Springer, 2018.

伤害。隐私还可以促进政治与法律利益，包括保护个人财产、防止欺诈和避免歧视。隐私同样关乎我们的社会身份与角色，无论家庭、工作抑或网络社交平台，需要时刻关注隐私空间以避免给他人造成伤害或者伤及自身。

其实隐私不是今天才有的概念。针对商周时期服饰设计的研究发现，虽然受限于当时的条件，服饰设计较为简单，但仍额外设计了"蔽膝"以保护身体敏感部位的隐私，并在后续朝代中得到延续。随着工业革命的兴起和信息技术的发展，隐私涵盖的范畴也从身体隐私不断外延。19世纪摄影技术的诞生和印刷技术的蓬勃发展，肖像隐私的保护成为新的课题。当时商品广告中毫无顾忌地使用时任美国总统克利夫兰夫人弗朗西斯的肖像，最终促成了美国第一部隐私法。[1] 1890年Samuel Warren和Louis Brandeis的论文《隐私权》(*The Right to Privacy*) 是对隐私权进行理论研究的起点，他们认为，隐私权可以通过"不可侵犯的人格"原则来论证。[2] 正如Warren和Brandeis的论文对摄影和报纸的出现进行讨论一样，后续的许多研究也在反思数字技术和计算机技术时代下的隐私内容和价值，其一是人们通过在互联网上分享个人信息和数据，无论是有意的（如通过脸书或其他社交媒体），

---

[1] Jessica Lake, *The Face That Launched a Thousand Lawsuits: The American Women Who Forged a Right to Privacy*. London: Yale University Press, 2016.

[2] Samuel Warren and Louis Brandeis, "The Right to Privacy", *Harvard Law Review*, 1890, pp. 193-220.

还是不经意的（如被要求免费使用各种应用程序或网站时），都很容易遭受隐私侵犯。互联网让监控和信息披露变得无处不在，也正变成一种常态，但我们可能会问这是否合乎情理。其二是企业利用数据挖掘和机器学习技术，结合我们所披露的信息及物联网中收集的数据，进行深度数据分析。这种海量的数据集让我们可以对个人进行定位、画像、研究，并对其进行针对性的分析，从而产生一种新的隐私伤害方式。Patrick O'Callaghan 将其称为数字信息技术的聚合效应。[1]

一个多世纪之后，移动互联网在生活中无处不在，技术第一次使数据和信息的收集，以及复制成本接近于零，人们由此享受技术带来便利性的同时，隐私泄露和隐私滥用问题则彻底爆发。用户在使用移动互联网的应用服务时，如果不接受服务商冗长的隐私条款，则无法使用各类服务，因此只能被迫同意隐私政策。面对不对等的隐私条款，用户往往没有任何对于自己隐私信息的控制权和选择权，只能任由商家处置。由此，隐私数据在商家眼中便成了可以量化和定价的商品——学生报名参加升学考试后，各种留学机构的电话便纷至沓来；孕妇生产出院后，紧随其后的便是各种奶粉和母婴机构的狂轰滥炸；甚至无意的一句话都可能引来铺天盖地的广告推介……很多时候，我们怀疑最了解自己的

---

[1] S. de Mars and P. O'Callaghan, "Privacy and Search Engines: Forgetting or Contextualizing?", *Journal of Law and Society*, Vol. 43, No. 2, 2016, pp. 257-284.

人是否还是我们自己。因为通过对于隐私数据的挖掘和利用，商家可以轻松勾勒出用户的行为倾向和行为画像，通过制定特殊定价政策实现价格区分，甚至操控政治选举，然而这些大多是在当事人浑然不知的情况下悄然发生的。

为了解决愈演愈烈的隐私泄露和隐私滥用问题，各国纷纷出台了法律法规进行规制。2018年5月，欧盟《通用数据保护条例》(*General Data Protection Regulation*，*GDPR*)生效，企业一旦违反条例，最高可面临全球营业额4%的罚款，因此被冠以"史上最严数据保护条例"的称号。GDPR生效后，也确实对一些发生隐私数据泄露的企业进行了高额的罚款，例如2019年万豪集团因泄露3.39亿住客的信息被处以1.24亿美元（约合9900万英镑）的罚款。但企业似乎并没有因为高额的罚款而吃一堑长一智，2020年4月，万豪集团发布公告确认，又有多达520万名客人的隐私信息遭泄露。事实上，由于当前隐私数据在收集、存储和流转过程中，大多都是以原始明文数据的形式进行的，因此内控等非技术的人工管理手段是目前企业和组织对于用户隐私保护的主要实施策略。但是由于整个数据流动的链条过长，百密难免有一疏。因此只要有一个单点有疏漏，就会造成安全防线的溃败。对于用户来说，由于数据可以无成本复制，所以隐私一旦泄露便会永远存在于互联网上；对于企业来说，等待着他们的则是名誉损失和高额罚款。

二、互联网与隐私保护

1. 互联网加重隐私数据被滥用的风险

2017年,《经济学人》杂志的封面文章认为世界上最有价值的资源将不再是石油而是数据。而数据显然不像石油,每天的产量都有限;当越来越多的设备通过网络连接起来,当我们的生活、工作迈向完全的信息化,数据每天都在以令人恐怖的速度产生。据思科互联网年度报告预测,2021年产生了847ZB的数据（1ZB是10万亿亿字节）[1]。然而由于数据安全问题频出,不断累积的数据变成了随时可能被引爆的炸弹;社会对于数据泄露的恐慌加剧了数据孤岛现象;数据可能会破坏而非造福社会,互联网或将朝着我们不想看到的方向发展。

细想一下,我们每天在键盘上敲的每一个字符都会上传到云端进行比对分析;移动设备随时监听着我们的言语,然后将其录音传到云端进行指令辨别;时刻在线的设备会暴露我们的行踪;电子商务网站知晓我们一切的浏览与购物偏好。我们每天的活动似乎都被设备接管了,它们在贪婪地搜集着信息,并且进行各种分析。然而另一方面,数据的滥用与泄露已经影响到了每一个互联网用户。当你浏览任何一个购物网站的时候,也许没有意识

---

[1] Stu Higgins, "Data is Neither the New Oil Nor the New Gold", https://gblogs.cisco.com/uki/data-is-neither-the-new-oil-nor-the-new-gold/.

到，这些商品推送都是为你量身定制的，甚至包括商品包装偏好与价格；当你遭遇广告推销、陌生电话轰炸并不堪其扰时，也许你也没有意识到，对方可能拥有了你极其私密的信息。

互联网对个人隐私的威胁体现在2个方面：一是用户的在线行为可能会被未经授权方监控；二是这些行为将被记录并永久保存。我们可能没有意识到自己的信息已经被监控、记录甚至被披露；而那些破坏我们隐私的人没有任何理由会提前告知我们。[1] 每一个热点新闻事件的背后，都会引发大量信息搜索，通过关联对比新闻当事人在互联网上留下的只言片语，而对当事人进行近似暴力的曝光。互联网上的行为没有遗忘权。你在过去说过的一些宁愿忘记的尴尬事情，也许只是年轻时不谨慎的一句话，都将在很长的时间跨度内成为潜在伤害。同时互联网助长了"档案效应"，即通过单一的查询就可以建立起一个巨大的档案，其中包含了许多来源不同的大量个人信息。"档案效应"是极其危险的：当建立一个全面的个人档案变得如此容易时，许多人就会被诱惑和利用，从事一些未经授权的非法行为，以谋取经济利益。

2. 互联网并不是隐私保护的对立面

早期互联网实际上是一种匿名实践，正如《纽约客》在一幅著名漫画中所阐明的观点："在互联网上，没有人知道你是一条

---

[1] Ian Goldberg, David Wagner and Eric Brewer, "Privacy-Enhancing Technologies for the Internet", in *Proceedings IEEE COMPCON 97. Digest of Papers*, IEEE, 1997.

狗。"任何人拥有一台终端设备，通过任何一个运营商就可以自由地接入互联网，通过电子邮件、新闻组进行沟通。电子邮件地址只是一个符号，没人能知晓一个邮件地址背后的真实用户的模样，更不会有人了解到几个邮件地址实际上被一人所操控。著名的密码学家 Ian Goldberg 早在 1997 年就提出宣言，这就是我们的愿景：在网络活动中恢复和重振个人隐私，在以前不可能实现的领域通过隐私保护来改善社会。[1]

可以认为，现代密码学技术与互联网几乎同时诞生。随后密码学研究得到了空前的繁荣，然而在互联网发展早期，出于对效率的追求，人们在安全与便捷之间优先选择了后者。当我们在使用各种免费、方便的互联网服务时，也留下了大量的行为痕迹。渐渐地，人们开始意识到这意味着对个人隐私权的侵害。

早在 1981 年 David Chaum 提出的匿名数字现金 DigiCash 系统正是伴随着互联网的早期发展而萌芽，在接下来的 10 年里，出现了一批诸如 Bit-Gold、B-Money、Hashcash 等电子货币支付系统，但是 Ian Goldberg 在 2007 年不无失望地说道："今天，仍然没有真正可用的电子现金服务，重要的是，（我们）必须在现有的增强隐私的技术中填补这一空白。"[2] 不过一年后，一个名为

---

[1] Ian Goldberg, David Wagner and Eric Brewer, "Privacy-Enhancing Technologies for the Internet", in *Proceedings IEEE COMPCON 97. Digest of Papers*, IEEE, 1997.

[2] Ian Goldberg, "Privacy-Enhancing Technologies for the Internet III: Ten Years Later", https://cs.uwaterloo.ca/~iang/pubs/pet3.pdf.

中本聪的神秘人物发送了一封匿名邮件[1]给 Adam Back，并提到了一种点对点的电子支付系统的架构蓝图[2]，后来这个想法成了比特币与区块链的基础架构。

三、区块链带来新的隐私问题

区块链的诞生充满了理想自由主义色彩，密码朋克们致力于互联网对于个人隐私信息的保护。与此同时，数据泄漏事件的频发，引发了大众对于个人隐私泄露和滥用的担忧。于是在许多新闻报道和技术讨论中，区块链技术被寄予厚望，这种看似可以进行匿名支付，而且没有中心节点的系统似乎为解决数据的共享问题提供了一个新的思路。例如：区块链技术常常被媒体误认为是一种可以非实名参与的开放式系统。比如在最早的区块链应用——比特币中，用户账户用一串被称为"地址"的字符串表示，而该字符串来源于随机产生的公私钥。因而可以认为，地址并没有与任何用户的真实身份绑定，从而具有一定的身份隐藏能力。而当区块链上出现一笔转账交易时，我们并不能知道这笔转账的发起人与接收人的具体身份。

---

[1] Cassio Gusson, "Adam Back on Satoshi Emails, Privacy Concerns and Bitcoin's Early Days", https://cointelegraph.com/news/adam-back-on-satoshi-emails-privacy-concerns-and-bitcoins-early-days.

[2] Nakamoto, Satoshi and A. Bitcoin, "A Peer-to-Peer Electronic Cash System", https://bitcoin.org/bitcoin.pdf.

但事实上，当前以比特币、以太坊为代表的无许可区块链系统，并没有提供原生的隐私保护，反而可能带来更大的隐私泄露问题。其中关于比特币或以太坊的第一大误解是将其视为一种具有匿名性的系统。这里可以明确指出，这种观点是错误的。关于比特币是否匿名的问题，中本聪曾经也有过解答：要匿名地使用比特币，比特币地址不能关联使用者的个人信息（即不破坏伪匿名性），每个比特币地址只能使用一次（即防止产生关联性）。也就是说，如果无法做到每个比特币地址只使用一次，那么比特币系统是无法实现匿名的。需要指出的是，比特币与一般的银行系统在账户设立方面确实有很多不同。在银行办理开户，需要本人带好身份证件到银行网点，通过"了解你的客户"（Know Your Customer，KYC）认证，并签署一系列文件后方可开户；但在比特币系统中，只要生成一串随机数（即私钥），即可生成该私钥对应的地址。所以说，在设立账户的门槛上比特币要比传统银行低很多，即不需要进行实名身份认证，也没有开设账户数量的限制，只要能妥善保管好私钥，想开多少账户就开多少。比特币账本中的交易记录，显示的是地址代码而不是用户的真实姓名。这种在协议设计层实现的账户体系和账本结构带来的匿名性，实质是一种假名体系，称作伪匿名性（pseudo-anonymity），与真正的匿名性（anonymity）是有很大区别的。

这个情况与互联网早期的电子邮件类似，电子邮件地址中的账户名也可以是任意字符构成的无意义字符串，但是随着电子邮件广泛、高频度的应用,"档案效应"使邮件之间的关联性在实际意义上泄露了太多的信息。正如 Adam Back 所言:"在我看来,与 Chaum 的 1981 年协议(DigiCash)相比,比特币似乎有严重的隐私问题。"[1]

比特币与以太坊类似,真正匿名性的实现需要伪匿名性叠加不可关联性(unlinkability)。在协议层面,因为区块链要求公开可验证性,意味着在区块链历史上发生的每一笔交易都可以永久被查看、追溯。比特币网络中所有的转账记录(即每一笔转账的发送人地址、接收人地址和转账金额)都可以被世界上所有人查看,所有历史交易记录构成了一个巨大的带权有向图(有向图的出节点为发款人,入节点为收款人,权重为交易金额),因此通过这些数据,再配以图数据分析等技术(如 linkability analysis),可以挖掘出更多关联性地址。比特币包括其他区块链系统的账户地址去匿名化(de-anonymization)这个领域,甚至诞生了众多专业的分析公司。因误以为比特币具有匿名性而栽了跟头的例子屡见不鲜,比如瑞典警方就通过对于涉案比特币地址和交易进行了追踪和分析,成功定位了在暗网中售卖违法物品的嫌疑人。[2]

此外,即使比特币系统实现了完全的匿名性,也不能说就实

---

[1] Cassio Gusson, "Adam Back on Satoshi Emails, Privacy Concerns and Bitcoin's Early Days", https://cointelegraph.com/news/adam-back-on-satoshi-emails-privacy-concerns-and-bitcoins-early-days.

[2] https://blog.chainalysis.com/reports/darknet-markets-cryptocurrency-2019.

现了完美的隐私保护。以转账举例,一笔转账涉及发款人、收款人和转账金额3个元素,匿名性只实现了账户(即发款人和收款人)的隐私保护,并不涉及转账金额的隐私保护。而在以太坊中,由于实现了智能合约的特性,以太坊上的一笔"交易"可能是在 EVM 中执行一个复杂的程序,远远超出了一笔普通交易所涉及的上述3个要素,因此要保护的隐私要素则更多,而且隐私保护的实现也更加复杂。

四、隐私增强技术概述

隐私增强技术(Privacy Enhancing Technologies,PETs)是对在数据收集、存储和处理过程中,不泄露隐私的一类技术的统称。利用技术来实现隐私保护的想法可以追溯到 20 世纪 70 年代密码学家 David Chaum 的工作,即密码朋克运动的前身。密码学家 Ian Goldberg 曾在 1997 年提道:密码朋克的信条可以粗略地概括为"通过技术而不是通过立法来保护隐私"[1]。使用隐私增强技术,可以将隐私保护中人治的因素尽可能降低。以邮件寄送场景为例,在传统的纸质邮件通信场景中,只能寄希望于所有经手邮件的邮递员不打开邮件偷看,也就是要信任在整个链条中随机分派的不认识的邮递员。而如果使用密码学技术对邮件进行加

---

[1] Arvind Narayanan, "What Happened to the Crypto Dream? Part 1", http://randomwalker.info/publications/crypto-dream-part1.pdf.

密，则邮递员即使偷看了邮件，也只能看到一串看不懂的随机密文，也就是说，只要寄件人和收件人正确使用加密技术，则不需要信任任何邮递员，即可实现邮件通信场景中的隐私保护，从而将对人的信任转变为对技术的信任。

不可否认，充满理想自由主义色彩的密码朋克运动推动了最早期的隐私增强技术。随着相关技术的快速演进，基于严格数学定义的隐私保护技术逐步成为研究的热点。这一类的隐私保护技术并不再局限于匿名性这一狭义概念，而是从一个更加广义的范围来研究：如何在实现数据计算的同时，不造成数据所携带信息的泄露。

具体地说，通过加密数据的方式，可以实现数据在存储和流转过程中的隐私保护，但是保护隐私的同时可能牺牲隐私数据的可用性，使很多业务无法开展。例如，一家医院有一个肺部影像肿瘤识别的服务，用户将自己的肺部影像图片提交后，即可运行肿瘤识别算法，获得自己肺部是否有肿瘤的结果。也就是说，为了使用该服务，用户需要将自己的肺部影像图片提交给医院，并且医院知道了用户是否患有肿瘤这一结果，即牺牲了用户隐私。诚然，会有一系列隐私政策对医院收到用户影像图片后的行为进行限制，但用户在使用了该服务后，就永远失去了对于自己医学影像的控制权。这就陷入了一个进退两难的情境：如果想保护自己的隐私，则无法使用该服务，也就没法知道自己到底有没有患肿瘤这一结果；但为了使用该服务，用户就不得不牺牲自己的隐私,并永远无法知晓自己的隐私在未来被用在何处。

而使用隐私增强技术,可以实现这样的效果:用户可以收到肿瘤识别的结果,但医院对于用户的影像资料和识别结果一无所知,这就使用户在享受到技术带来便利性的同时也保护了个人的隐私。也就是说,隐私增强技术不但可以保护隐私本身不被泄露,更可以在此基础上,对隐私数据进行挖掘和利用,实现隐私保护计算(privacy-preserving computation),达到数据可用但不可见的效果。更进一步,使用隐私增强技术还可以在实现公共利益最大化的同时,不牺牲用户个人的隐私。

随着各国对于隐私监管愈加严格,用户对于个人隐私的保护意识愈加重视,当前这种肆无忌惮收集和滥用隐私的态势将会式微,未来很可能会出现范式转换:要想在竞争中具有优势,不在于如何收集尽可能多的隐私,而是在于尽可能保护用户隐私的同时,提供同样的服务。显然隐私增强技术在未来会扮演更加重要的角色,下面介绍几类令人期待的隐私保护技术。

1. 差分隐私

大数据与机器学习技术无疑提高了社会的生产效率,并提供了个性化的互联网服务。如果把数据提供给专业的数据科学家与数据分析团队,数据就能创造出新的价值,从而改善交通网络、减少犯罪、治愈疾病、全方位增加效率。但是一旦企业积累了大量的数据,如何降低数据泄露所带来的风险?保护数据库中的个人隐私,以及对数据加以分析利用来创造价值,这二者之间似乎存在冲突。

数据的隐私保护问题最早由统计学家 Daleninus 在 20 世纪 70 年代末提出。他认为:"保护数据库中的隐私信息,就是要使任何用户(包括合法用户和潜在的攻击者)在访问数据库的过程中无法获取关于任意个体的确切信息。"[1] 这个定义虽然具有理论上的指导意义,但它缺少严格的界定。随后研究人员提出了有明确量化指标的隐私保护模型和方法,如 K-anonymity 等模型。然而后续研究发现,虽然该理论一直在改进,但总是无法抵御各种新式攻击。正如一些研究者指出,早期研究的内在缺陷主要有两点:一是理论需要依赖攻击者的背景知识假设;二是隐私保护模型无法提供一种有效且严格的方法来证明其隐私保护水平,因为无法定量分析。[2]

而差分隐私是 Dwork 等人在 2006 年针对统计数据库隐私泄露问题提出的一种新的隐私定义:差分隐私并不是要求保证数据集整体性的隐私,而是对数据集中每个个体隐私提供保护。在此定义下,整个数据集的计算处理结果对于某个具体记录的变化是不敏感的,单个记录是否在数据集中,对计算结果的影响微乎其微,"差分隐私的想法借鉴了密码学中语义安全的概念,即攻击

---

[1] 熊平、朱天清、王晓峰:《差分隐私保护及其应用》,载《计算机学报》,2014 年第 1 期,第 101—122 页。
[2] 同[1]。

者无法区分出不同明文的加密结果。"[1]

在差分隐私的框架中，在数据集中加入单个记录所产生的隐私泄露风险被控制在极小的范围，因而攻击者无法通过观察统计计算结果而获取准确的个体信息。差分隐私能够解决传统隐私保护模型的两个缺陷。首先，差分隐私保护模型假设攻击者能够获得除目标记录外所有其他记录的信息，这可以理解为攻击者所能掌握的最大背景知识。其次，该模型建立在坚实的数学定义基础之上，并存在量化评估方法，使不同参数的隐私保护水平具有可比较性。

差分隐私可以理解为一种为数据集添加噪声的理论技术。当添加噪声后，用户难以分辨出来数据集中的私人信息，但是同时数据集仍然具有统计意义。这样数据集就可以交由企业进行机器学习，从而能从中获得统计意义上的一般信息，但是无法获取私人信息。然而差分隐私并不能保证百分之百不泄露信息，理解这一点至关重要，信息泄露的量取决于噪声的添加方式与程度。

2. 同态加密

我们往往把加密比喻成保险箱，一旦把数据放入保险箱，那么如果需要对数据进行处理或计算，就需要先打开保险箱，取出数据（相当于解密）。传统的加密技术可以应对数据存储中的安

---

[1] 李效光、李晖、李凤华等：《差分隐私综述》，载《信息安全学报》，2018年第5期，第96页。

全问题，但是无法解决数据在处理和计算过程中的信息泄露。特别是随着"云计算"的推广，所有的数据都保存在云上，这也意味着数据的保管权被移交给了云。尽管运营云的企业具备足够的专业能力来保管这些数据，但当大量的数据聚集在云端之后，数据安全的风险便逐步增大，直到发生后果惨痛的云端数据泄露事件。一种传统思路是将数据加密后再放入云端，但这样就抹掉了在云端采用集中式大算力设备来处理数据的优势，这明显有悖于云计算架构设计的初衷。

早在1978年公钥密码学（RSA）刚刚被提出时，R. Rivest, L. Adleman 与 M. Dertouzons 就在一篇名为《关于数据银行与同态加密》（*On Data Banks and Privacy Homomorphism*）的文章中提出了同态加密算法的构想："我们会想要这样一个方案，不需要对用户数据进行解密……加密函数要既能允许计算机来操作数据，但又并不需要解密。"[1] 所谓同态计算是指，我们先把两个数字 A 和 B 分别进行加密，然后计算机把这两个密文直接加在一起，那么加法计算的结果恰好正是 A+B 的密文。这样一来，计算机不再需要从我们这里获取密钥，便可直接处理密文数据，处理好后将结果反馈给我们，然后我们直接对结果进行解密，立即就能得到数据处理结果。在这一过程中，计算机始终不知道加密的数

---

[1] R. Rivest, L. Adleman and M. Dertouzos, "On Data Banks and Privacy Homomorphisms", *Foundations of Secure Computation*, 1978.

字到底是多少。这听上去是非常完美的解决方案。然而,在整个20世纪80年代与90年代,研究人员想尽了各种办法来实现同态计算。一些人找到了加法上的同态,另一些人找到了乘法上的同态,但同时实现加法与乘法的"双同态",却始终求而不得。事实上,如果能实现任意加法与乘法的"双同态",根据计算机原理,那么任何计算函数都可以实现同态计算。

直到2009年,斯坦福大学的Craig Gentry找到了一种全同态加密方案,同时实现了加法与乘法的同态计算,最终解决了30年来的这个关键问题:在委托他人处理我们的数据的同时,仍保持有对数据的访问权。[1]尽管第一代的全同态加密方法发展非常慢,但在接下来的10年里,全同态加密发展迅速,计算性能提升了若干个数量级。到如今,全同态加密已经开始逐步从学术走向工程,在一些场景中已经开始进行试验性应用。可以预见,全同态加密理论技术将发展成为下一个10年内最令人瞩目的隐私增强技术之一。

3. 零知识证明

零知识证明最早起源于计算理论的研究。1985年,S. Goldwasser、S. Micali与C. Rackoff提出了交互式证明的概念,[2]它延

---

[1] Craig Gentry,"Computing arbitrary functions of encrypted data",*Communications of the ACM*,Vol. 53,No. 3,2010,pp. 97-105.

[2] Shafi Goldwasser,Silvio Micali and Charles Rackoff,"The Knowledge Complexity of Interactive Proof Systems",*SIAM Journal on Computing*,Vol. 18,No. 1,1989,pp. 186-208.

拓了传统数学中形式化证明的概念范畴，即通过证明者与验证者的交互，而非一篇写满推理的证明脚本来实现可信的证明过程。比如，一个人声称他已经证明了悬而未决的"哥德巴赫猜想"，但是他并不想透漏任何证明细节，那么，若利用零知识证明技术，理论上只需他和一个验证者进行交互证明，只要通过验证，我们便可以确信，他确实（极大概率）已经解决了"哥德巴赫猜想"，但是我们对细节一无所知。这听上去略微反直觉，但是零知识证明确实是基于严格数学定义而非凭空捏造的理论技术。

零知识证明最直接的用途就是，我们可以不需要出示数据即可证明数据拥有一定的性质。比如，我们不用出示身份证，便可证明我们拥有身份证；或者证明一份文件已被授权，但是我们不知道具体被谁授权；再或者，我们可以证明一段加过密的数据列表是按照明文从大到小的顺序排列，从而说明某一个密文数据是其中的最大值。不仅如此，零知识证明还可以用于谨防信息泄露的数据审计、财务对账、身份核验等各类应用场景。事实上，零知识证明是一个非常底层并且基础的工具，其应用范围远超目前的实践广度。

零知识证明的概念被提出几十年来，得到了广泛的研究。1988年，非交互式零知识证明（zk-SNARK）问世，[1] 通过一

---

[1] Manuel Blum, Paul Feldman and Silvio Micali, "Non-Interactive Zero-Knowledge and Its Applications", in *Proceedings of the Twentieth Annual ACM Symposium on Theory of Computing*, 1988, pp. 103-112.

些密码学技术,一大类的零知识证明可以去除交互过程,从而可以将零知识证明当作可以转移的凭证,实现零知识证明的公开验证。这极大拓展了在保护隐私的前提下进行安全数据共享的想象空间。1990年,Kilian提出了简洁零知识证明,[1] 2012年,研究者们又提出了zk-SNARK,[2] 即简洁非交互式零知识证明,实现了用极短的数据片段来表示大批量数据的零知识证明。这意味着,零知识证明不仅可以在较小的网络带宽或存储昂贵的区块链上使用,而且由于大大降低了对验证者计算能力的要求,还可以在手机等移动设备上使用。

零知识证明的产生过程目前还需要消耗一定的算力,但是经过近五年的研究,其计算性能迅速提升。可以预见,随着专用芯片等硬件结构的发展,零知识证明将能够在更多的领域内使用。

4. 安全多方计算

安全多方计算所针对的场景是一个类似区块链的去中心化系统:互不信任的多个参与方需要联合完成一个计算任务。传统上,如果我们想把多方的数据进行计算,需要先把这些数据集中到一个被所有参与方都信任的第三方,并假设他不会将数据信息泄露,或者不会计算失误,这正是现在互联网上普遍采用的数据

---

[1] Joe Kilian, "A Note on Efficient Zero-Knowledge Proofs and Arguments", in *Proceedings of the Twenty-Fourth Annual ACM Symposium on Theory of Computing*, 1992.

[2] N. Bitansky, R. Canetti, A. Chiesa, et al. "From Extractable Collision Resistance to Succinct Non-Interactive Arguments of knowledge, and Back Again", in *Proceedings of the 3rd Innovations in Theoretical Computer Science Conference*, 2012, pp. 326-349.

集中计算范式。相比较而言,安全多方计算是一种源自密码学理论的计算架构(或协议),其中并不存在一个可信第三方,所有参与方都是平等的。当所有参与方将数据输入计算架构中后,计算过程中任何一方的数据都不会被其他参与方看到,保证了全过程零知识泄露。当计算完毕后,各方都能得到自己想要的结果,而且得到的结果可能不同,并且相互保密。

最早的安全多方计算协议由姚期智先生在1982年正式提出,被称为"百万富翁问题",即两个富翁想比较一下谁的财富更多,但是又不想暴露具体的数字。于是双方参与了一个安全两方计算,只需输入各自的财富数值,比较结果便会直接输出给两方,如此一来,他们既得到了比较结果,又没有把具体数额泄露给对方。1987年,Goldreich、Micali和Wigderson将安全两方计算扩展为了安全多方计算,并且开创了通用的安全多方计算框架。[1]

从2010年以后,通用安全多方计算协议的研究领域已经转到以实际应用为出发点,致力于提升协议的效率问题。在过去的10年里,越来越多的高效MPC协议被提出。随着研究的不断深入,现在的MPC方案已经可以解决现实生活中的一些特殊问题。2008年,第一个安全多方计算系统在丹麦甜菜拍卖场景中落

---

[1] Oded Goldreich, Silvio Micali and Avi Wigderson, "How to Play Any Mental Game or a Completeness Theorem for Protocols with Honest Majority", in *Proceedings of the nineteenth Annual Acm Symposium on Theory of Computing*, 1987, pp. 218-229.

地,[1] 并在近些年的波士顿工资公平性研究[2]、分布式匿名投票、保密信息检索[3]等场景中得到应用,向人们展示了这项技术的前景和实用性。

安全多方计算根据攻击行为分为两类:一类是被动攻击,即参与方"诚实地"按照约定程序参与计算,但可能会对接收到的信息进行攻击,即试图获取其他参与方秘密输入的数据;另一类是主动攻击,即参与方不按照约定的程序参与计算。第一类实施攻击的用户被称为"半诚实"用户,而第二类用户被称为"恶意"用户。目前实际应用的安全多方计算协议大多假设所有参与方属于第一类用户,这个安全假设限制了计算协议的普适性。为了防止第二类用户,计算协议要付出更多的计算代价和通讯量代价,因此与具体实际应用还有一定距离。

5. 技术应用的挑战

上述提到的隐私增强技术逐步从学术走向工程,并且已经显示出了巨大的潜力。但是,我们还要清醒地认识到,这些技术在实际落地过程中都遇到了新的挑战。实际场景是复杂的,"隐私"

---

[1] Peter Bogetoft, Dan Lund Christensen and Ivan Damgård, et al. "Multiparty Computation Goes Live", in *Cryptology ePrint Archive* (*Report* 2008/068).

[2] Azer Bestavros, Andrel Lapets and Mayank Varia, "User-Centric Distributed Solutions for Privacy-Preserving Analytics", *Communications of the ACM*, Vol. 60, No. 2, 2017, pp. 37-39.

[3] Claudio Orlandi, "Is Multiparty Computation Any Good in Practice?", http://u.cs.biu.ac.il/~orlandi/icassp-draft.pdf.

的边界与定义是模糊而变化的；并且每一项技术都各有优劣，我们不能幻想凭借其中一种技术就能彻底地解决隐私问题，实际上我们必须恰当地使用各种工具，并且能各取所长，组合运用。在这些技术的实践过程中，不乏由于工具使用不当，反而带来更严重隐私泄露事件的案例。比如，2019年3月，瑞士邮政开放的州选举电子投票系统sVote被发现了多处密码学上的严重安全漏洞，一旦被攻击者利用，便可通过这些漏洞进行选票操纵，随后瑞士邮政关闭了该投票系统。[1]

五、隐私增强技术在区块链系统中的应用

当前的区块链系统普遍没有实现协议层原生的隐私保护，这也是区块链没有得到大规模落地的一大阻碍。试想一下，如果一个公司要在区块链系统上给员工发放工资，则公司所有员工的工资信息将全部被泄露，这显然是不恰当的，不但员工之间对彼此的工资了如指掌，而且这些信息还暴露给了该公司的竞争对手，势必对公司经营也造成一定影响。另一方面，各国法律法规对于隐私的合规也有相应的要求，如GDPR公司规定用户具有对于个人数据的删除权和遗忘权，而目前区块链系统公开透明的特性在很多场合显然是不符合监管合规要求的。那么，该如何平衡区块

---

[1] https://motherboard.vice.com/en_us/article/zmakk3/researchers-find-critical-backdoor-in-swiss-online-voting-system.

链系统公开透明可验证的特性与隐私保护及合规监管的要求?

1. 基于密码学的隐私交易与匿名

为了解决比特币的伪匿名性,比特币开发者 Gregory Maxwell 于 2013 年提出了 CoinJoin,即可以将多笔交易合并在一起,从而实现模糊交易关联性的目的。2014 年,一个类似的技术 CoinShuffle 被提出,同样可以做到模糊交易关联性,但是这种混淆交易的输入与输出,并不能隐藏交易的金额。于是,一个名为"机密交易"的技术诞生了,它利用密码学中的承诺技术来代替交易中的金额。承诺是一个隐藏了金额明文的密码学构造,具有加法同态性。区块链矿工可以在不了解具体金额的情况下来对交易进行合法性判断,这无疑是一个巨大的进步。但是这种尝试仅带来了技术认知上的进步,而非实际应用上的。密码学承诺所占用的字节数较大,会让交易数据的尺寸膨胀,从而变得非常不实用。不过,密码学的进步促使这个思路不断得到改良。2018 年斯坦福大学提出的"防弹证明"是一种进行范围判断的零知识证明技术,[1] 这种证明尺寸不仅迷你,而且可以聚合,即凭借一个防弹证明便可以证明许多笔交易的金额范围。

另一个知名的采用零知识证明技术的区块链系统是 ZCash,

---

[1] B. Bünz, J. Bootle and D. Boneh, et al. "Bulletproofs: Short Proofs for Confidential Transactions and More", in *2018 IEEE Symposium on Security and Privacy (SP)*, *IEEE*, 2018, pp. 315-334.

它由密码学家 Eli-Ben Sasson 等人在 2014 年提出,[1] 于 2016 年年底上线运行。ZCash 是第一个利用简洁非交互式零知识证明技术的区块链系统,并且提供了完全的支付保密性。ZCash 系统中的一笔隐匿交易,不仅可以隐藏交易的发起方、接收方,还能隐藏交易的金额,而且更加神奇的是,区块链矿工在一无所知的情况下,居然可以判断这笔交易是否具有合法性。这种反直觉的解决方案使得区块链技术社区迅速接纳了零知识证明这一发展了 30 年的技术,并广泛流行开来,不断发展壮大。ZCash 对每笔转账的收、发人和交易金额 3 个要素实现了隐私保护,并且在协议层实现了非关联性,因此可以在协议层实现真正的匿名性。此外,用户可自主选择是否给其他人一个观察密钥(viewing key),允许其查看一个给定地址的所有交易记录,从而实现了选择透露性(selective disclosure),在隐私保护和监管要求间取得了一定的平衡。

2. 能保护隐私的智能合约

智能合约赋予区块链灵活的编程能力,特别是智能合约可以提供"可编程货币"的概念。这是一种可以通过程序来控制资金在金融类应用内部高效流动的机制。但是,在以太坊智能合约平台上,一个全透明的金融应用不具备任何的安全性。实现隐私保

---

[1] E. B. Sasson, A. Chiesa and C. Garman,"Zerocash: Decentralized Anonymous Payments from Bitcoin", in 2014 *IEEE Symposium on Security and Privacy*, IEEE, 2014, pp. 459-474.

护是实现链上金融系统顺利运行的先决条件。AZTEC协议便是一种可实现区块链隐私保护的通用技术，它可以在不向区块链底层泄露任何信息的情况下，对加密数据进行逻辑检查。对于交易中输入与输出的信息，可使用一系列的零知识证明与同态加密技术进行加密，然后区块链仍然可以检测这些加密数据的逻辑正确性。[1]零知识证明虚拟机ZkVM[2]则在虚拟机层面实现了对智能合约平台的零知识证明，保证智能合约在执行的过程中仍然保证隐私性，同时区块链矿工通过零知识证明来对智能合约的运行结果进行共识，从而避免了盗取秘密输入的数据。

3. 区块链系统中的密钥管理

用户在区块链上的身份由一对公私钥来确认。对于去中心化系统，一旦私钥丢失，或者被盗取，就会造成数字资产损失。如何既能保证密钥的秘密性，又能防止密钥丢失是一个两难问题。这里，我们可以引入安全多方计算来解决这个问题。基于安全多方计算的门限签名方案可以用于提升用户私钥的安全性和易用性。具体地说，在区块链系统中，谁拥有私钥，谁就拥有该私钥对应地址中资产的所有权；因此，一旦私钥被盗，资产被转移后，是无法被追回的。由此可见，对于终端用户来说，其资产安

---

[1] Ariel Gabizon, Zachary Williamson and Oana Ciobotaru, "PLONK: Permutations over Lagrange - Bases for Oecumenical Noninteractive Arguments of Knowledge", *Cryptology ePrint Archive*(*Report* 2019/953), 2019.

[2] Oleg Andreev, Bob Glickstein and Vicki Niu, et al. "ZkVM: Fast, Private, Flexible Blockchain Contracts", 2019.

全存在单点脆弱性。使用基于安全多方计算的门限签名方案后，在私钥创建阶段，会生成多个私钥碎片，存储在多个不同的安全设备中；在交易创建阶段，会输入各个私钥碎片，即可生成与该私钥对应的签名。一方面，基于安全多方计算的门限签名方案可以保证在签名过程中无需对私钥碎片进行拼接，即无需还原出私钥即可实现签名，也就是说私钥根本就没有出现过；另一方面，用户存储的是私钥碎片而不是私钥本身，因此只要用户私钥碎片被盗取的数量小于门限值，用户的资产就是安全的，解决了单点脆弱性问题。此外，基于安全多方计算的门限签名方案还天然适用于多人共同保管资产的场景中，实现了将链下决策场景无缝衔接至链上。

六、区块链为隐私增强技术赋能

在区块链出现之前，隐私增强技术的研究主要局限在密码学领域。而当区块链这一复合了多个学科的系统出现之后，隐私增强技术的研究对象与研究方法也呈现出了新的趋势。可以说，区块链领域的发展开阔了隐私增强技术的思路，为其带来了新的发展方向。

1. 替代可信第三方

在密码学理论中，可信第三方经常出现，在过去隐私增强技术的研究中，一般也会假设存在一个可以完全信赖的第三方，他在任何时候都会依照给定的协议执行规则，并且不会泄露任何信息。然而这个第三方的信任成本是很高的。比如，公钥基础设施（PKI）中的证书颁发机构（CA）就是一个可信第三方，但是，正如 Nick Szabo 在 2000 年所指出的，这个第三方是高风险、高成本的。[1] 另一个互联网架构中的高风险、高成本的可信第三方是根域名系统。在互联网发展的早期，引入第三方，可以大大简化安全协议的设计，降低协作的成本。但随着互联网的进一步发展，对过度中心化的可信第三方的风险和成本已然不能视而不见。

区块链正是诞生在这一背景下。在一个无需许可的公有区块链系统中，只要发送了交易且给足矿工费，这笔交易就一定会被打包执行，因此整个系统非常接近一个理想的可信第三方的角色。当区块链引入智能合约之后，智能合约已经可以被想象成一个独立的实体，它不属于任何组织和个人，但是它可以按照事先实现的代码忠实运行。虽然目前主流的智能合约还无法做到秘密计算，但这已经可以作为一个理想的第三方。比如，在以太坊上已经出现了新的域名系统——ENS，它运行在整个区块链网络上，不受任何实体控制，与传统的域名系统相比，它没有单点失效风险，也很难被恶意篡改。另外也出现了基于区块链的身份认证系统，可以降低中心化的证书颁发机构的安全风险。

从密码学角度看，区块链提供了一种由网络对等节点构成的

---

[1] Nick Szabo, "Trusted Third Parties are Security Holes", *White Paper*, 2005.

计算机，只要区块链底层的安全性得以保证，密码学安全协议可以将区块链作为一个优秀的替代者。不过，为了解决智能合约的秘密计算问题，这还需要投入更多的研究工作。

2. 输入数据的真实性

如何保证存储在区块链上的数据的真实性？如果从狭义的角度看数据真实性，区块链并不能提供任何帮助。但是区块链上数据具备不可篡改性，再结合数据关联分析与隐私增强技术，未来有望有效提高输入数据的真实性。比如，医院可以把每个病人的就诊记录通过密码学信息隐藏手段，产生加密记录保存到链上，作为数据锚点。这些锚点就形成了一系列不可篡改的历史，通过隐私增强技术可以对这些原始记录进行处理和计算，通过多次不同角度的计算、验证、比对，虚假数据会逐步暴露出来。同时，由于区块链上的数据锚点锁定了数据明文，隐私增强技术所产生的计算结果也能更加可信。再比如，通过零知识证明来核验一个银行的月交易流水账单是否满足每天的额度要求，那么证明方不仅需要保证隐私账单满足零知识要求，还要确保每一笔交易都能对应上当天存储在区块链上的数据锚点。在安全多方计算场景中，也可以通过数据锚点，来要求用户的秘密输入必须能够对应上区块链上的数据锚点。

3. 多方计算任务的公平性

对于一个多方计算任务来说，公平性至关重要。公平性指的是如果"恶意"用户获得了计算输出信息，那么其他"诚实"用户也应该同样获得输出信息。换句话说,要么所有用户都能获得输出信息,要么都不能获得。因为若在一个不公平的计算协议中,"恶意"用户就可以获取不正当的利益。例如,如果一个"恶意"用户发现自己没办法赢得拍卖,他可以声称网络故障,然后用新的竞价再次进入。因此,公平性在实际应用场景中是非常有必要的。

但是在过往的安全多方计算研究中,公平性很难实现,而且往往不被考虑。如何保证公平性呢?当区块链出现之后,就有学者受其启发找到解决方案。2015 年 Ranjit Kumaresan 等学者提出,可利用比特币来保证计算的公平性,如果一方作弊,那么就会受到经济惩罚。[1] 2017 年来自美国约翰霍普金斯大学的学者们又提出,可利用区块链来实现公平的安全多方计算。[2] 他们设计出了一种新的安全计算协议,所有用户需要把计算结果加密后提交到区块链,而当所有加密计算结果都提交后,就会产生一个解密密钥,然后各方就可以同时解密计算结果,从而实现公平。

七、数据经济新生态

"让数据流动起来,我们需要共享"和"把秘密保护起来,

---

[1] Ranjit Kumaresan, Tal Moran and Iddo Bentov, "How to Use Bitcoin to Play Decentralized Poker", in *ACM CCS*, 2015, pp. 195-206.

[2] A. R. Choudhuri, M. Green and A. Jain, et al. "Fairness in an Unfair World: Fair Multiparty Computation from Public Bulletin Boards", in *Proceedings of the* 2017 *ACM SIGSAC Conference on Computer and Communications Security*, 2017, pp. 719-728.

我们需要隐私",这是互相矛盾的两个口号。破解这个两难问题的方案正是区块链系统与隐私增强技术,他们是完美的搭档,天生一对。区块链系统能够连接更多的设备、更多的个体和组织,并且可以促进公平,保障运行稳定且难以被攻击;隐私增强技术可以让数据进行安全地共享与计算,同时依托区块链,数据等资产可以在一个开放式的环境中安全地进行流动,从而承载资源的生产和分配。

2020年3月30日,中共中央、国务院颁布的《关于构建更加完善的要素市场化配置体制机制的意见》(以下简称《意见》)中,将数据与劳动、资本、土地、知识、技术、管理并列为七大生产要素,并提出要"加快培育数据要素市场"。和石油类似的是,如果要利用数据资源创造价值,必然需要经过采集、提炼、加工、交易、应用等一系列处理过程。对于同一个数据来说,不同的人使用,所能产生的价值也是不同的。因此如果为了保护隐私,而放弃数据开放和数据共享使数据失去了流动性,最终结果一定是形成无数个数据孤岛,不但个人无法享受各种丰富的服务,整个社会也将因此变得更加低效。《意见》同时指出,要"制定数据隐私保护制度和安全审查制度","加强对政务数据、企业商业秘密和个人数据的保护"。隐私增强技术可以在保护隐私的同时实现数据的安全流转,因此在数据要素市场中,隐私增强技术必然扮演重要角色。而且由于区块链系统中每个账户都拥有一个公私钥对,因此在区块链上部署更多隐私增强技术具有天然的优势。

斯坦福大学经济学家 Charles Jones 和 Christopher Tonetti 在《数据的非竞争性和经济学特性》一文中提道:"由于数据具有非竞争性,将数据所有权归还用户可以生成最佳的分配,从而使用户在对隐私的担忧与出售数据所能带来的经济利益之间取得平衡。"[1] 结合区块链和隐私增强技术,可以完美实现数据所有人对自己数据所有权的真正掌控。具体地说,数据(尤其是隐私数据)所有人可以使用自己的私钥,在区块链上对数据所有权进行确权,并不需要泄露原始数据,而是依靠零知识证明技术生成的证明。由于区块链的公开可验证性,所有人都可以对确权声明进行验证。

此时,如果一家医院需要发起一个医疗影像数据的研究计划,可以在区块链中部署一个智能合约,说明研究计划所需要的影像数据类型。如果用户希望参加该研究计划,可以将符合要求的影像数据加密后,提交给智能合约。需要注意的是,医院在整个过程中无法获得用户的原始影像,但凭借同态加密和安全多方计算等隐私增强技术,可以实现数据的计算,从而完成既定的研究任务,数据的流转和使用记录则全部记录在区块链上。当前,由于复制数据的成本很低,且数据流动过程中流动的是原始数据明文,因此数据所有人在数据离开自己掌控的边界之后,便永久

---

[1] https://christophertonetti.com/files/papers/JonesTonetti_DataNonrivalry.pdf.

失去了对于数据的控制权。使用隐私增强技术，保障了数据所有人对数据的所有权，并且实现了数据所有权和数据使用权的分离，使数据所有人可以真正掌控自己的数据尤其是隐私数据。

有价值的数据资源是生产力的重要组成部分，因此站在制度设计和激励相容的角度，医院在区块链上部署的医疗影像研究计划的智能合约中，除了说明研究计划所需要的影像数据类型，还可以说明对于参加研究计划的数据贡献者的激励方式。根据智能合约中约定的激励规则，在研究计划实施过程中，收益的发放便可以通过区块链和智能合约自动完成。在这个过程中，影像数据所有人将会获得数据加工产出价值的部分收益，这个收益可以不是一次性的，而是永久性的，具体可以在智能合约中进行约定。例如，在医院完成科学研究后，可以在合规的前提下将研究成果转售给药厂，用于开发新药，而为该研究提供数据的影像数据所有人也可以分得一定的成果转让收益。从用户手中的原始医学影像隐私数据，到医院进行科学研究形成的科研成果，再到药厂开发出新药，整个过程中形成的成果产出其实不单是数据要素的功劳，研究人员的知识、工程师的技术、成果转让中的资本等要素也一同被运用并放大，这是因为数据要素相比于其他生产要素的特点具有乘数作用，即它可以放大其他生产要素在流转中的价值。因此，在由区块链和隐私增强技术承载的数据经济新生态中，利用数据资产可以高速无摩擦流转的优势，持续发挥数据要素的最大价值，从而可以进一步解放和发展数字化生产力，赋能新基建，推动数字经济与实体经济深度融合，实现新经济的高质量发展。

未来不是一蹴而就的。就技术层面而言，区块链与隐私增强技术的实践都还处于早期，在性能、安全性、易用性等方面还有待成熟。就市场体系层面而言，当前数据市场体系尚不完善，数据产权、交易、监管等层面的制度还不健全，法律对数据要素所有权及相应的使用权和收益权均没有明确的界定。因此，需要更多跨学科的人才进入这个领域，需要技术从业人员、法律法规制定者、行业专家进行全方位的沟通与协作，从而更好地发挥区块链技术与隐私增强技术在构建数据要素市场中的积极作用。

期待区块链结合隐私增强技术能够让我们进入一个更加自由、公平、安全的全新数据经济新生态。

区块链与芯片

孔剑平[*]

一、硅基文明的核心是算力

1. 从碳基文明到硅基文明

在碳基文明时代,世界上所有的有机生物,都是由以碳原子为核心的有机物构成的生命体,人类也一样,依靠"碳"获取能量,不管是生活还是生产,都需要碳基燃料来保障运转和推动发展。在碳基文明时代,整个时代的进化速度特别慢,我们花了100多年的时间才进入青铜器时代。而在硅基文明时代,整个文明的运转依赖的是"原子""电子",能源和计算结合之后,产生巨大驱动力,促进人类向更高级的方向进化。计算机是以半导体芯片为核心的物质形态,构成元素是硅元素。商业巨头不断并购芯片制造公司,本质是对技术的信仰和对硅基文明的无条件拥

---

[*] 孔剑平,豪微科技创始人。

抱,因为芯片会产生庞大的算力,未来区块链的落地、人工智能的落地,本质上都是算力的落地,属于算力的应用场景。

2. 区块链、算力和芯片

随着硅基文明时代的逐步演进,现有的商业格局有望重构。区块链出现前,很多科技初创企业恐怕都难逃被 IBM、苹果、脸书、亚马逊、谷歌、阿里巴巴等巨头公司收购的命运。因为这些巨头依靠先前积累的、绝无仅有的大数据,积累了明显的早期优势和坚实的竞争壁垒。但是,区块链出现后,凭借去中心化的方式对大量数据进行组织和维护,使得用户可以控制自己的数据,从而有效打破了科技巨头垄断数据的现状。一方面,区块链具有开放性、安全性、去中心化等诸多优点,可以实现数据共享和溯源,使得构建更高规模、更高质量、可控制权限的、可审计的全球去中心化数据标注平台成为可能。另一方面,区块链可以帮助清洗个人数据,并提高数据的有效性。因此,区块链、人工智能等技术的深度融合能够通过提供更广泛的数据访问权限和更有效的数据交换机制有效降低初创企业的参与门槛,从而缩小与科技巨头的竞争差距。

在更为庞大的数据产出及数据交换需求下,行业逐渐意识到算力是区块链的基础设施。目前的区块链中,公链(无准入门槛)具备大量用户,大部分主流公链都需要通过超算设备来维持其稳定运行,这是由其采用的共识算法(如工作量证明机制)决定的:通过超算设备让每个节点都具备记账出块的竞争力,并使账本最终在全网达成共识，系统则以此账本的数据及状态维持运转。目前主流的一台区块链超算设备，其算力大约为普通家用笔记本电脑的数万倍。

算力基础设施是数字化社会的基石，5G、人工智能、区块链及大数据等新兴技术均离不开算力这个核心。面对巨大的市场，所有致力于推进全球数字化的企业都在争夺份额，而华为、阿里云、腾讯云等具备强大算力基础建设能力和生态构建能力的企业，已然成为数字时代的引领者。无论是 AI 算力还是 5G 算力，都已经在生活中得到了实践和应用。但是区块链算力目前还主要停留在企业研发和投资阶段。

区块链和芯片是天作之合，芯片为区块链提供了基础算力，而区块链则使得无论是在云端还是在边缘发生的数据都有了可追溯性。除此之外，更加多元化的芯片产品也有助于提升事务处理系统（TPS）处理能力，推动更多数据上链，降低数据篡改风险，实现更快速的隐私计算等。目前，区块链已经直接发展出了专用集成芯片（ASIC），典型的有阿瓦隆（Avalon Miner）系列芯片，被专门用于比特币的区块链超算设备；另外还有存储类型的芯片，比如豪微的布谷鸟（Cuckoo）系列芯片，主要被用于采用该系列算法的计算设备；除此之外，当下依然还有不少区块链计算运行在搭载 CPU、GPU、FPGA 等通用芯片的系统上。区块链对于计算的需求也在一定程度上促进了通用芯片的迭代升级，比如AMD 系列的 CPU 芯片就内置哈希（hash，又译作"散列"）核，

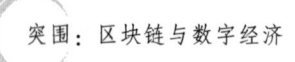

使其更容易被部署到区块链系统中。

二、算力的竞争即是芯片的竞争

1. 区块链芯片发展史

经过 CPU、GPU、FPGA 和 ASIC 4 个阶段的发展，ASIC 芯片已成为主流的区块链计算设备芯片，其区块链计算速度基本都达到了每秒 10 亿次哈希（散列）级别。随着硅片加工精度的提升，ASIC 芯片的性能更好，功耗更低，主要布局 ASIC 芯片的企业也得到了长足的发展，比如比特大陆、嘉楠耘智、亿邦股份等。

不过，Google 量子 AI 团队已经宣布，创造出了一块计算能力超越当前世界上最强超算机的量子计算芯片 Sycamore，这款芯片能在 200 秒内完成目标计算，而完成同样的计算量，最快的超算机则需要 1 万年。如果量子计算芯片投入"挖矿"行业中，可能会迅速超越现有的 ASIC 芯片挖矿能力。

2. 区块链超算芯片全球无壁垒竞争

区块链的发展大幅度提升了中国 ASIC 芯片的研发能力。ASIC 芯片区别于 GPU、FPGA 等通用芯片，是一种为专门目的而设计的集成电路，在量产时具备更低功耗、更低成本、更高性能等优点。ASIC 芯片虽然不能像通用芯片一样，一个芯片能处理很多事情，但在一些数据量、计算量极其庞大的场景下，我们必须选择具备更强计算能力的芯片。目前，在区块链 ASIC 芯片设计领域，国内公司已占有较大的市场优势和技术领先优势。

(1) 豪微科技

豪微科技专注于新架构的芯片设计，总部在杭州，在全球率先提出了 FPU 的概念：不同于 CPU、GPU 和 TPU 的概念，FPU 的目标是优化数据传输，传输数据流而不是某种单一结构的数据；在运算阶段通过分布式的节点进行计算，不采用集中计算；同时存储阶段也采用分布式的存储，而非集中存储。数据在不同的应用层面上就已分开，不同的数据和不同的应用需要采用不同的计算方式、不同的存储方式和不同的数据流传输方式。FPU 需要高带宽的传输接口、高带宽的分布式存储器和非对称的异构处理器。豪微科技基于 FPU 技术已经量产了世界上最大的区块链专用芯片布谷鸟系列芯片，实测数据显示，其效能是英伟达主力显卡的 7 倍以上。

(2) 嘉楠耘智

嘉楠耘智于 2013 年在杭州成立，是超算芯片、数字区块链计算设备及区块链计算整体方案提供商，也是全世界第一家研发出 ASIC 区块链超算设备的公司，其产出的芯片设备销往全球 30 多个国家和地区。其代表产品是阿瓦隆系列，目前已达到 7 纳米制程工艺。值得一提的是，在人工智能领域，嘉楠耘智在 2018 年推出了第一代可容纳神经网络模型的一体化 SOC 方案人工智能芯片——勘智 K210，是全球第一款基于 RISC-V 架构设计的商用边缘计算芯片，可以在超低功耗下进行高速卷积神经网络计算，用于目标检测和图像分类任务（如人脸识别、多分类物体检测与识别等),还可以实现声源定向、声场成像、波束形成、语音唤醒、语音识别等机器听觉功能。嘉楠耘智目前已在美国纳斯达克上市。

(3) 比特大陆

比特大陆(Bitmain)旗下的主打产品——蚂蚁矿机(Ant-Miner)、蚁池(Antpool)等均在全球市场领先,市占率稳居第一。公开资料介绍,比特大陆由吴忌寒和芯片设计专家詹克团联合创办。除区块链芯片产品外,比特大陆也同样在人工智能硬件及软件领域,研发制造深度学习加速卡及服务器、深度学习云平台等系列产品及服务。

(4) BitFury

BitFury在2011年创立于俄罗斯,是国外较为知名的区块链ASIC芯片设计公司。在旧金山和阿姆斯特丹设有管理部门,在冰岛和格鲁吉亚设有数据中心。BitFury的管理团队和董事会成员由业内资深人士组成,他们都有半导体工程、企业发展和公司投资的管理经验。Bitfury的目标用户主要是大型企业客户,而其设备价格只提供"申请"(on application)的选项,所以对于大部分用户而言,Bitfury的知名度并不高。

目前,在区块链超算芯片全球无壁垒竞争之下,中国已取得阶段性领先地位,全球70%以上的区块链超算设备在中国运行。然而中国虽具备一定的芯片设计能力,但在代工量产环节还缺乏整体的竞争力。

3. 区块链芯片的产业价值链

按照功能来分类,半导体主要分为集成电路(IC)、光电子器件(OT)、分立器件(DS)、传感器(Sensors)四大类,其中全球集成电路收入占四大类总和的80%以上。我们常说的芯片其实是集成电路的载体。按照半导体芯片产业链来划分,芯片制造过程一般分为芯片设计、晶圆制造和封装测试三个环节。

区块链芯片的市场体量对整个半导体领域而言尚属于九牛一毛,但已经对芯片产业产生了举重若轻的影响,除前述的嘉楠耘智、豪微科技、比特大陆等快速发展的芯片设计公司外,还包括以晶圆制造为主业的台积电,以及以日月光、长电科技、华天科技、通富微电为代表的拥有FC封装技术的封测厂商,这些企业都为区块链计算设备的生产和制造提供了极大助力。

(1)芯片设计

芯片设计,即集成电路设计(Integrated Circuit Design),亦可称之为超大规模集成电路设计(VLSI design),是指以集成电路、超大规模集成电路为目标的设计流程。集成电路设计包括对电子器件(例如晶体管、电阻器、电容器等)及器件间互连线模型的设计。所有的器件和互连线通过半导体器件制造工艺(例如光刻等)安置在单一的硅衬底上,从而形成电路。

通用芯片巨头依然是市场主流毋庸置疑,如高通、博通、英伟达、超威等。然而这些芯片设计公司却并非与区块链专用芯片毫无关联。2018年,在英伟达第一财季里,OEM和IP业务营收增长惊人,当季环比大增115%、同比猛增148%,增至3.87亿美元。英伟达指出,营业收入中有2.89亿美元和加密数字货币挖矿有关。这意味着,在英伟达第一财季增长最强劲的业务中,数字货币挖矿的需求贡献了约75%的业务收入。这是因为数字货币矿工购买了大量的GPU,带动价格飞涨,许多游戏玩家甚至因此买不到新的GeForce芯片。然而在第二季度,英伟达挖矿业务就急剧缩减,除受以太坊价格大幅下跌等波动影响外,另一大主要因素是来自ASIC芯片的冲击。基于ASIC芯片的超算设备的运行效益远优于GPU。

(2) 芯片制造

如果说芯片设计是轻资产运作,就像写程序一样在电脑上设计电路;那么芯片制造则是重资产运作,一条芯片生产线的投资可高达上百亿美元,其中70%用于设备投资。

目前,区块链芯片的量产大多选择在台积电。受中美角力的影响,目前部分厂家也开始选择在三星、中芯国际等处测试产能。目前区块链ASIC芯片成功量产的的最小制程已达7纳米。由于区块链芯片在整个芯片市场占比不大,因此受到国际形势变化的影响相对较小。相应的,以台积电为例,能分配给区块链芯片的产能也并不多,这也造成了区块链ASIC设备常常供不应求的市场现状。

(3) 芯片封装测试

在产业规模快速增长的同时,芯片设计、芯片制造和封装测试三业的格局也正不断优化。根据拓墣产业研究院数据，2020年第一季度受新冠肺炎疫情的冲击，各国实施边境管制与封城措施使整体供应链出现中断的情况，不论是客户还是通路库存均偏低。第二季度随着供应链逐步恢复，加上各国推出救市措施与"宅经济"发酵，全球封测产值持续提升，前十大封测厂营收达63.25亿美元，年增26.6%，其中，龙头厂日月光投控营收13.79亿美元，稳坐封测龙头宝座。前十名分别是：日月光、艾克尔、矽品、江苏长电、力成、天水华天、通富微电、京元电、南茂和顾邦。区块链芯片在封装环节的可选择余地相对较多。

(4) 光刻机市场

在芯片制造过程中，光刻是其中最复杂、最关键的工艺步骤。作为整个芯片制造工业中必不可少的精密设备——光刻机，其光刻的工艺水平直接决定芯片的制程和性能水平。目前，全球光刻机市场的主要企业即阿斯麦尔（ASML）、尼康（Nikon）和佳能（Canon）三家，从光刻机销售额来看，2019年三家企业的合计市场份额就占到了全球光刻机市场的90%以上。其中阿斯麦尔由于其技术领先，垄断了第五代光刻机（EUV光刻机），独占75%的市场份额，尼康与佳能分别占据13%和6%的市场份额。

4. 区块链芯片的行业效益

相对于全球市场，中国在ASIC芯片领域起步较晚。但受益于区块链和数字货币行业过去10年的快速发展，市场对于数字货币矿机的需求不断提升，ASIC芯片在区块链领域的市场规模增长迅速。在 ASIC 芯片领域，诞生了以比特大陆、嘉楠耘智为代表的矿机芯片厂商，创造了量产全球首款 7 纳米芯片的记录，垄断了全球近 80% 的区块链矿机芯片市场份额。2019 年 11 月，嘉楠耘智在美国纳斯达克成功挂牌上市，也被誉为"全球区块链行业第一股"。作为区块链矿机芯片厂商的代表，嘉楠耘智的成功上市，无疑提振了中国区块链芯片行业的影响力。2020 年 6 月，中国另一家矿机芯片厂商亿邦国际也成功登陆纳斯达克。中国区块链芯片厂商正得到越来越多的关注。区块链计算市场的快速发展，对整个芯片产业都产生了较为积极的影响，其中还包括以晶圆制造为主业的台积电，以及以日月光、长电科技、华天科技、通富微电为代表的拥有 FC 封装技术的封测厂商，都为区块链计算设备的生产和制造贡献了不少的力量。比特大陆作为台积电的前十大客户，订单量甚至一度超过华为海思。

从营收数据上看，区块链芯片行业在近几年均保持了快速增长的态势。以区块链芯片矿机厂商比特大陆、嘉楠耘智、亿邦国际为例，其近两年的财务营收数据如下表：

表 2　区块链芯片厂商营收　　（单位：亿美元）

排名	公司	2019 年营收	2020 年第一季度营收
1	嘉楠耘智	2.04	2.46
2	比特大陆	10.82（第一季度）	3.15
3	亿邦国际	1.09	0.11

除了区块链芯片矿机厂商，不少传统互联网巨头也开始布局区块链芯片领域。蚂蚁集团、阿里巴巴硬件团队及平头哥联合自研了蚂蚁链一体机，采用全球首个硬件隐私保护解决方案，确保合约执行过程中的数据安全隐私。另外，迅雷、暴风影音等互联网企业也在区块链芯片领域积极布局，纷纷推出相关区块链芯片硬件产品。

5. 区块链硬件产品

除 ASIC 超算设备外，我们也会看到一些其他的区块链硬件设备，如硬件钱包、存储机、一体机等。目前这些硬件设备在硬件层面，主要是以市面上已有的通用芯片的组装为主，尚不具备独有的芯片设计和制造。以下仅列举了一些近几年出现过的区块链硬件设备，有些现今已淘汰或停产。

（1）迅雷玩客云

玩客云是迅雷赚钱宝团队推出的新一代智能硬件。通过玩客云，用户可全网搜索海量资源，享受终身免费超极速下载特权，下载速度可达每秒 4 兆，还能连接移动硬盘搭建个人网络存储（NAS），在手机上就能随时查看、修改和分享硬盘中的文件。

规格方面，玩客云采用四核 1.5 千兆赫处理器，1GB 内存，8GB 机身存储，千兆网口，2 个 USB 接口用于拓展云空间，1 个 HDMI 接口支持非智能电视高清播放。此外，赚钱宝团队还针对玩客云打造了 10 亿奖励计划，可选择固定 500 元现金奖励或者链克奖励。目前，基于迅雷链克的游戏已有 30 款左右，如：玩客宠。

(2) 暴风播酷云

暴风播酷云智能终端是北京暴风新影推出的全新私人影院整体解决方案系列智能硬件中的核心产品,主打"播酷云+高清播放机=家庭影院"模式。暴风私影 4K 高清播放机是暴风新影面向私人影院市场推出的以沉浸式观影为目标的播放设备,可支持杜比全景声、DTS:X 等次次世代音频标准以及 TRUEHD、DTS、HD MasterAudio 等次世代音频标准;更具备同类产品中优秀的 H.265 解码能力,支持全速解码 H.265 4K 视频,同时可适配暴风新影独家推出的 QUAKE 超感沙发体感观影方案,为客户提供超越时代的沉浸式观影体验。

暴风播酷云智能终端可在非工作状态下利用闲置的存储空间和宽带帮助暴风系列软件、第三方 CDN 业务、第三方区块链业务进行超大文件网络加速甚至区块链全节点部署,用户在共享闲置存储空间和带宽资源的同时还可赚取播酷云积分。

(3) 联想粒子矿云

联想粒子矿云是一款为家庭量身定制的用于数据存储和分享智能一体机。配置方面,联想粒子矿云内置 4TB 容量监控级硬盘,搭载 1.5 千兆赫频率的处理器,分布式存储,隐私加密,让用户能够轻松地进行文档、照片、视频的实时存储,还可以随时随地的进行高速访问和分享。采用 P2P 网络,充分利用带宽,远程下载速度最大可达每秒 5 兆。

(4) 蚂蚁链一体机

蚂蚁链一体机采用全球首个硬件隐私保护解决方案，蚂蚁集团、阿里巴巴硬件团队及平头哥联合自研了首款针对区块链智能合约的专用处理硬件——区块链安全计算硬件，该硬件具备自主可控信任根（ROT）的可信执行环境，确保合约执行过程中数据的隐私安全。

基于 300 多项软硬件专利，除区块链安全计算硬件外，一体机还集成了区块链密码卡、区块链网络共识加速器这两项核心硬件技术。其中自研密码卡具备国家最高安全资质，能够在各种应用环境中确保密钥使用的安全性。

除了技术上的核心优势，蚂蚁链一体机还大大提高了区块链的部署效率，预计可节省 90% 以上的部署时间；同时有效提升交易速度 30%，降低共识延迟 40%，加速密码运算 5—10 倍。

(5) 北信源区块链机

区块链机是由北信源和安存科技联合研发的第一台区块链机，开创性地以软硬件一体为节点，能帮助用户简单快速地使用区块链。通过多重加密和硬件物理属性等多维度技术手段，解决节点数据可信及数据安全等问题，同时可与司法机构链接，实现司法协同，共享共治等。目前已用于航天、司法、行政、环保、金融、互联网平台等领域。

(6) 趣链区块链一体机

趣链区块链一体机是由杭州趣链科技有限公司与曙光信息产

业股份有限公司联合打造的首个全国产软硬件深度协同优化的区块链一体化产品，支持开机即用以及可视化运维管控一站式区块链服务。

趣链区块链软硬一体机以国产、自主、可控的区块链底层平台为技术依托，为需要隐私安全的场景提供高安全、强隐私、高性能的区块链软硬件一体化专业解决方案，保证上链更简单、更安全、更可靠。金融领域，数据共享与交换需要保障；政务领域，信息传递与协同需要高效，区块链技术的应用便可以实现高效可信互通、安全传递，而趣链区块链一体机的出现，超强软件实力结合专用硬件实力，可做到极速部署，能为数据、信息的流转再添一份牢不可破的保障与简单上链的便捷。

（7）豪微云链分布式存储机

豪微云链分布式存储机是浙江豪微云链科技股份有限公司推出的基于IPFS协议构建的一体化存储机。IPFS是下一代互联网底层通信的开源协议，已经成功应用在数据存储、文件传输、网络视频、社交媒体等各个领域。豪微云链分布式存储机在硬件架构上实现了计算和存储的分离，并内置隐私保护算法，避免单点故障问题，充分提升了存储的可靠性、安全性、隐私性。

三、算力即权力

1. 算力是硅基时代的重要竞争指标

全球正快速进入数字经济的时代，数字化进程日新月异。区块链正促进生态结构的价值转移,让数字资产实现可信流转。在互联网时代,网站访问量是评价产品竞争力的重要核心指标;而未来在区块链大范围应用普及的价值互联网时代,上链量则会成为数字化发展程度的重要指标;随着以软件为载体的数字化逐步落地,区块链芯片与场景深度结合,硅基时代将加速到来,届时算力将会成为最核心的竞争能力之一:谁拥有更多的算力,谁就拥有更大的话语权。

2. 区块链芯片发展的现有瓶颈问题

区块链芯片作为 ASIC 芯片的细分领域,在一定程度上受制于整个 ASIC 芯片行业的瓶颈问题。

(1) 高端专业人才紧缺

ASIC 芯片行业属于技术密集型产业,对人才需求量大,但该领域优秀学者多数分布在经济发达国家,中国在该领域人才储备量较少。据相关数据显示,中国芯片产业从业人员总数不足 30 万人,而高端人才供给严重不足、高水平技术工程师高度缺乏。高端人才的缺乏制约了中国 ASIC 芯片行业算法设计水平的进步。

当前中国区块链人才需求远超人才供给,未来随着区块链行业的深入发展,中国区块链芯片领域的缺口将逐步扩大。

(2) 开发时间长、经济成本高

ASIC 芯片开发流程较长,经济成本相较于普通集成电路高。区块链芯片开发流程涉及总体设计、详细设计、可测性设计、时序验证、版图设计、加工、完备等步骤,流程较为复杂。而且不同开发周期遭遇的问题不同,这些问题的解决需要耗费大量的时间和人力。因此,长周期的开发,对于企业来说是不小的挑战。增加竞争主体被市场淘汰的风险,不利于创业企业维持长期运转;高经济成本则增加企业财务负担,制约企业发展速度。同时,高成本提高了不少创业企业进入的门槛,让不少企业望而却步。因此,目前在区块链芯片领域,头部企业效应明显,比特大陆、嘉楠耘智等企业的市场占有率超90%。

(3)市场及政策波动

区块链芯片核心技术在芯片设计,目前使用场景主要在数字货币挖矿上。数字货币的价格波动直接影响芯片产品的收益能力,间接影响设备的市场供给量,而芯片设计和量产本身就成本极高、风险极大,市场的波动有时会给这些芯片设计公司带来较大的现金流压力。且在全球各地,数字货币挖矿的政策不尽相同,企业虽坚持深耕芯片设计,但认知偏差产生的一些声音有时也会给这些企业带来不利的影响。

3. 关于区块链芯片未来发展的思考

从目前 ASIC 芯片应用于下游各领域规模占比来看,根据头豹研究院的数据,智能安防、虚拟货币挖矿、自动驾驶是目前主要的三大应用领域。ASIC 芯片相对传统芯片在专用算法领域具备更高效能,但现阶段市场上 ASIC 模块产品算法差异度高,缺乏通用性。长久来看,随着专用算法软硬件的优化,ASIC 芯片通用性能的提升将成为行业发展一大趋势。

CPU、GPU 以及 FPGA 等通用型芯片可以适应相对更多种的算法，但是特定算法下 ASIC 的性能和效能要更高。另外，虽然 FPGA 的易定制特性使其比 ASIC 芯片在使用上更加灵活，但部署 FPGA 所付出的成本也要比 ASIC 更高。而随着软件、算法的成熟和稳定，相关厂商必然会进一步追求性能和效能的最佳化，未来 ASCI 的应用将会越来越广泛。

　　ASIC 芯片虽具有强大的性能，但缺点也很明显，因为其是针对特定算法设计的，一旦芯片设计完毕，其所适应的算法就是固定的，所以一旦算法发生变化就可能无法使用。

　　目前在区块链领域，ASIC 芯片的算法主要针对工作量证明算法，用于出块记账。未来，当区块链的商用落地更加通用、更加标准化之后，在一些对计算有较大需求的场景模块，ASIC 将发挥极大作用，例如在隐私计算、零知识证明、交易验证等领域。区块链和芯片会共同成为未来智能数字社会的基础设施，实现多方的智能化协同，构建价值智联网（AB-IOT）。芯片、人工智能、5G 等都可通过区块链技术完成深度耦合。

数字经济下的算力
——基于区块链的视角

陈钰什　袁洪哲*

数字经济的兴起产生于特定背景,即传统物质生产在经济系统中的比重不断降低,单位劳动生产效率不断提高,财富的分配需求增长迅速,尤其是全球主要经济体的第三产业比重不断上升。数据、算法、算力作为数字技术的基础,在数字经济中扮演了重要的角色。区块链作为数字经济时代的基础性技术之一,被视为 Web 3.0 时代底层构建的重要技术。本文基于区块链应用的视角,结合近年来数字经济发展背景、比特币所代表的新型财富分配方式,以及未来硬件革新三方面对数字经济下的算力进行解读,阐释了算力在包含区块链技术应用在内的数字经济中的重要地位。

---

* 陈钰什,横琴数链数字金融研究院首席研究员;袁洪哲,横琴数链数字金融研究院资深研究员。

一、算力的定义

什么是算力（computing power）？人们有时用算力来表示"速率"，有时用算力来表示"处理器可以计算的内容"。通常，算力代表了运算速率和可处理内容的结合。根据牛津词典的解释，算力是进行或用于计算的能力、计算资源，特别是计算机执行工作的能力，通常根据在给定时间内可以执行的指令数量来判断，或者参考存在的随机存取存储器的数量来判断。我们通常认为：假设两个处理器具有相同的功率，如果一个处理器可以运行特定程序，则另一个处理器只能运行该程序，并且两个处理器产生相同的结果，则它们具有相同的计算能力。

二、区块链里的算力——比特币带来的哈希率

自比特币出现以来，算力的概念常常与哈希率（hash rate）交叉使用。哈希率是指比特币交易中涉及的总体计算能力，哈希率越大，则表示比特币网络越安全。这一概念也同样适用于采用工作量证明（proof of work）的加密货币。其中以为隐私属性设计的加密货币为代表，如门罗币（Monero）、达世币（Dash）、大零币（Zcash）等。比特币的产生，开创了密码学与算力的结合，触发了算力与算法的革命。截至2022年2月，比特币的全网算力

达到了每秒 2×10^{20} 次哈希运算。[1]

比特币的哈希率应用并非普适的加密货币网络验证方法。以基于星际文件系统（InterPlanetary File System，IPFS）的文件币（Filecoin）为例，文件币中的算力不同于比特币挖矿算力，是指带宽、硬盘、网络覆盖等因素的综合。矿工通过向客户提供存储来赚取文件币；同样，客户可以通过支付文件币的方式雇用矿工来存储或分发数据。在星际文件系统中，如果有人需要将数据存储到其他人的闲置硬盘里，就必须支付文件币；同理，上传文件也需要支付文件币。这些区块链应用都致力于建立一个基于算力的、以技术为衡量尺度的贡献与分配的技术性制度。[2]

三、算力革命推动了数字经济和数字财富的扩张

日益加剧的人类经济活动不仅创造了大量的财富，而且也在深刻改变着人类的社会形态。在过去的 100 年里，物质生产行业产出比值不断被挤压，从而使得物质供应愈来愈便宜，约翰·梅纳德·凯恩斯（John Maynard Keynes）在 1930 年畅想的 15 小时工作周由此在世界上一些地区逐步成为现实，即每周工作 15 小

---

〔1〕 "Total Hash Rate（TH/s）"，https://www.blockchain.com/charts/hash-rate.

〔2〕 Protocol Labs, "Filecoin: A Decentralized Storage Network"，https://filecoin.io/filecoin.pdf.

时就可以获得维持一个家庭基本物质需要的收入。[1]财富这一概念本身在社会话语体系中与维持人们基本生活的物质产品的联系愈加淡薄。在这样的背景下，越来越多的劳动力脱离了农业和制造业，而社会的单位劳动生产率却在相应的时间尺度上获得提升。这意味着数字经济的兴起为这些财富的分配与管理提供了巨大的机会。

财富分配需求增加催生了金融服务业的繁荣，在长期以来劳工薪酬没有随劳动生产率上涨的背景下，加剧了财富分配的不平等。科技进步与经济繁荣使得金融服务行业的繁荣伴生着财富积累的增加以及劳动生产率的提升。但是提升的劳动生产率却并没有相应提高一般劳工的工资水平。与此同时，从事财富分配的金融服务行业却一路壮大，其从业人员尽管在人数上占比不多，但他们的收入水平上升幅度远远高过一般私营行业从业人员的薪酬增幅。普通劳工在其生产活动中逐渐被异化的趋势使得收入不平等加剧。[2]但是，在2008年比特币出现之后，这样的财富模式被打破了。长期累积的财富不平等呼唤新的财富分配方式的产生，而区块链加算力所形成的比特币，成为了一种新的资产和财富。之后，以以太坊和以太币的出现为开端，各类加密数字货币及数

---

[1] Keynes and John Maynard, "Economic Possibilities for Our Grandchildren (1930)", https://www.aspeninstitute.org/wp‐content/uploads/files/content/upload/Intro_and_Section_I.pdf.

[2] David Graeber, *Bullshit Jobs: A Theory*, London: Penguin, 2019.

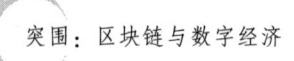

字资产随之而来。

在这样的背景下,我们不难看出,基于算力的加密货币是对于探索财富分配新手段的一次尝试。人类原本只有一种资产和一类财富形态,即取之于物质资源,通过传统劳动工具和人力资源所创造的资产和财富。这样的资产和财富以传统货币为尺度,有着近5000年的历史。在现代社会,经济增长和发展主要是指物质财富的生产和创造。但是,2008年的全球金融危机在世界范围内产生了深远的影响,一方面揭示了社会财富分裂导致不同阶层人群之间产生巨大鸿沟,另一方面体现了传统金融行业及其治理在抵抗金融风险方面不堪一击。正是在这样的背景下,基于算力挖矿的比特币出现了,人人皆可通过在网络中贡献算力来获得回报,新财富分配方式由此诞生。时任摩根大通首席执行官的杰米·戴蒙(Jamie Dimon)在2017年将比特币斥为"骗局",体现了传统金融业对于新生财富分配手段嗤之以鼻,但不妨碍比特币蓬勃发展并进入社会话语体系,成为各国政府多轮量化宽松政策背景下民众进行资产配置的新选择。承载着民众期待获得更公平财富分配体系的美好愿景,区块链加算力的新型机制体系大有可为。

比特币的兴起也带动了一众加密货币和相关产业的出现,出现了基于工作量证明共识机制的专业矿机设备和制造商,使得算力挖矿不再是一台普通家用电脑就能完成、网络节点间算力分布较为平均的博弈,而成为网络中由ASIC矿机集群加持的矿池之间的算力较量。专业算力设备与专业矿池的出现恰恰印证了分配财富的需求在新形势下仍不断发展的大趋势。至此，比特币出现早期那种单纯通过挖矿而获得财富分配收益的模式，已超出普通民众力所能及的范围。加密货币挖矿成了资本的游戏。[1]

四、算力制度带来的挑战及其潜在解决方案

正如社会财富分配存在巨大不平等，算力分配也存在着巨大不平等——算力资源集中于平台化的大公司。以传统互联网公司为例，互联网技术创新促进了买卖双向平台的开发，在互联网平台上，可以区分有价用户和为交付该价值付费的客户（例如广告商）。新技术的发展使公司可以通过各种方式提供相同的产品，并且可以通过直接销售、广告或免费增值等不同的方式将交付的价值货币化。平台经济成为重要的商业生态，但是随之而来的算法歧视、信息茧房等问题也层出不穷，很大程度上也是由于平台化加剧了消费者与商家的信息不对称。算力垄断成为目前亟待破解的难题。

类似于普遍基础收入，在算力愈来愈重要的将来，实施普遍基础算力额度似乎是在支持普惠金融与再分配制度下的自然选择。在16世纪，托马斯·莫尔在《乌托邦》中描绘了一个人人

---

〔1〕 Leo Zhang and Karthik Venkatesh,"The Alchemy of Hashpower, Part I.", https://www.aniccaresearch.tech/blog/the-alchemy-of-hashpower-part-i.

应享有收入的社会制度，开启了普遍基础收入在接下来几个世纪中不断被讨论和实践的历史。在数字经济逐渐占据主导地位的今天，相对于普遍基础收入，人人可获得的普遍基础算力在金融与科技两方面都对当前社会与经济具有深远的影响。在一定层面上说，普遍基础算力已经在当今全球社会中得到了实现，例如智能手机、个人电脑、游戏机等个人电子计算设备的普及。毫无疑问，在元宇宙概念遍地开花的当下，这些算力配备在海量的数据处理需求面前难称"基础"。

即便如此，信息与通信技术革命已让全球范围内许多人拥有了相对廉价的计算能力。可被用于创造与生产的有形资本载体可以被更广泛地分配到全社会中，使得个人的价值进一步得以彰显。例如，知识产权管理就是区块链未来可能颠覆的一个重要领域。现有的知识产权管理带来的挑战是，当用户将自己的创造放到互联网上时，他可能不会获得报酬，或者只能获得其价值的一小部分，微博、微信公众号等用户生产内容（User-Generated Content, UGC）平台和抖音、快手这类平台的盛行就代表了媒体行业中发生的变化。无法确权的创作和抄袭也让自媒体以及绘画、音乐等艺术创作的发展受到限制。在很大程度上，现有的互联网公司是通过广告的模式获得稳定的资金流，而广告也成为一种无法实现创新的货币化解决方案。

体现区块链系统作用的另一应用场景在于中小企业。以开放的态度形成协作创新对于中小企业来说绝非易事，在与其他公司合作时，中小企业易被对方窃取其知识产权，进而失去竞争优势，这也成为中小企业实行开放战略的主要障碍。基于工作量证明共识机制的区块链系统带来了对系统内单一节点的清结算系统，其中包含交易、清算和结算的一整套内容。当中小企业和个体间在不需要任何中介情况下就能够相互交换金钱和其他资产，社会效能将随之增加。时间戳作用于加密过的哈希值，在交易行为发生时，会以哈希值的形式通过密码学把交易记录到区块链中。哈希值可能对应于文档、知识产权资产或任何加盖时间戳或经过公证的数字文件。

五、算力决定未来

哈希率代表的是一种"狭义"算力，因为哈希率主要以比特币为核心。与"狭义"算力并存的是包括云计算、人工智能甚至量子计算在内的超级智能计算，即"广义"算力。只有将"狭义"算力和"广义"算力融合，算力才会改变人类经济形态、资产形态和财富形态。超级算力的出现，很可能导致全新市场模式的诞生。[1]

在全球低碳可再生能源发展与算力供给基础设施化的背景下，算力供给的商业成本毫无疑问和当地能源结构存在密切关

---

[1]《朱嘉明：算力革命背后是分配制度革命，没有算力就没有未来》，http://www.01caijing.com/blog/335705.htm。

系。在中心化算力提供方技术一定的情况下,廉价的能源供给会成为数字经济的血液。那些能够提供廉价能源的地方意味着能够提供廉价的算力,而数字经济的兴起势必加快全球能源格局的变革,使清洁能源大国得以在算力基建服务的角逐中逐渐脱颖而出,成为全球产业链分配中不可忽视的力量。

在引入量子计算后的算力爆炸中,算力的中心化趋势如同数据中心化一般不可避免,但主权国家的政治诉求会对此形成阻碍。即便如此,一些范式更迭似乎指日可待。量子科学的演进给量子计算机的普及带来了曙光。对于量子计算时代的来临及其背后所蕴含的算力变革,人们期待已久。类似于以节省成本、提高资源利用效率为目的设立的数据存储中心,当个人算力需求远小于单个量子计算设备所能产生的算力输出时,量子算力中心的出现就毫不令人惊讶了。一方面,这样的算力中心为普遍基础算力额度提供了设施基础,使得算力分配得以合理调度;另一方面,主权国家对于"量子霸权"的担忧将使得这样的算力中心不会集中在极少数政权的手中。在海量的数据生产与数据处理成为国民经济命脉的经济现实面前,将本国的算力供应寄希望于他国是显而易见的安全隐患。量子计算机发展的初期阶段,在各主要经济体关于量子算力的研发竞争背后有着挥之不去的政治意涵。从这个意义上说,算力将会获得类似于自然资源的地位,为数字经济中源源不断的数据流提供处理的动力,也将奠定全球各大经济体在竞争中的总体地位。

六、算力革命支持了商业模式的创新

区块链的革新意义更多在于,在计算流程中完成了信息的形式化和公开化。区块链由系统中所有具有记账功能的节点来共同维护,而任一节点的损坏或者丢失都不会影响整个系统的运作,拥有集体维护的价值。区块链设计的核心在于,区块链无需中央的支持即可实现信息的同步。同时,为了让所有利益相关方获得数据库的账本信息,区块链造成了数据存储冗余;而且无论链上性能得到多少优化,这种冗余都是不可避免的。[1]

我们为什么需要一个高度冗余、效率低下但完全透明的计算范式?在传统的去中心化系统中,所有节点和协调规则是基于去中心化系统提供的数据存储和访问服务通道。但传统去中心化系统不存在单一时间来源或是中心化的协调节点,带来的后果是难以确定一笔交易是在什么时间、什么地点发生的;数据的分散性、难追溯、易复制和易泄露性,以及易被盗用、滥用等特性在传统去中心化架构下进一步强化,数据的准确性与安全性难以得到保障。[2]

算力管理的价值在于支持可信数据价值链的构建。算力体系构建了数据全生命周期管理的基础,为从数据生产端到区块链上

---

[1] 陈钰什、袁洪哲:《区块链与算力管理:商业模式创新的新机遇》,载《清华管理评论》,2021年第4期,第46—51页。

[2] 同[1]。

的可信数据提供保障。在数据可信的基础上，区块链可以与其他数字技术相结合进而拓宽到更多的业务场景，例如人工智能、物联网、云计算、边缘计算等。同时，如隐私计算、联邦计算等一些技术特性，使得数据可以在隐私被保护的前提下进行可信的交换。这意味着，互联网产业所熟悉的流量变现会被数据变现所颠覆。例如，算力管理下诞生的可信数据将赋能人工智能训练。现有体系下基于机器学习的人工智能都需要大量的数据来训练模型，基于历史数据的学习使机器更接近于人类的认知和判断，进而具有一定的预测性。当数据不可信时，将消耗大量的人工成本来处理数据；反之，当数据可信时，训练人工智能算法的成本也会随之降低，能够获得的有效数据也进一步增加。因此，未来数据的价值创造不再停留于流量变现而是数据价值的展现，这是互联网和区块链在商业理念上巨大的不同。[1]

区块链提供了一个算力管理的范式，有助于将顾客数据确权并合理、合法地收集和使用顾客信息，从而提供个性化的服务，增强客户粘性，这也有助于中小企业提升品牌价值。品牌的关键在于是否可以获得消费者的信任，信任它的品质、原则、价格、服务等等，这些内容经过长时间的正向积累，会使得品牌获得更高的忠诚度。以比特币为代表的工作量证明共识机制解决了数据

---

〔1〕 陈钰什、袁洪哲：《区块链与算力管理：商业模式创新的新机遇》，载《清华管理评论》，2021年第4期，第46—51页。

时间维度的确定性,即区块链网络使用一定量的计算资源,通过算力把多个交易顺序以时间戳的方式在账本中进行确认。结合分布式架构的支持,区块链对数据时间和空间的维度进行了确权,激发了数据的价值,是创造信任的过程。当数据的输出价值大于输入价值时,数据的经济价值就可得以体现。[1]

七、区块链算力产业的制约条件

目前区块链的算力产业主要面临着4个方面的制约。

首先是成本制约。更精密的芯片带来的价格攀升和难以预计的能源价格,使得平衡算力部署成本和收益成为产业面临的主要困难。其次是环境制约。在以算力为基础的数字经济下,能源产业如何转型成为一个难题,因为大规模算力矿池的部署,不仅使耗费的能源日益增多,而且会使二氧化碳排放量不断增加,加剧全球变暖。再次是市场垄断模式制约。算力垄断导致矿池全球分布失衡,同样带来了制度上的制约——算力集中导致生产失衡。从技术开发、矿机芯片,一直到能源资源垄断和矿池的市场垄断,这些问题都对产业多元发展形成阻碍。在全球范围来看,未来的产业模式应该容纳更多的中小型企业甚至个人,而不是被越来越少的大型公司垄断和控制,同时相关技术开发需要向普及化

---

[1] 陈钰什、袁洪哲:《区块链与算力管理:商业模式创新的新机遇》,载《清华管理评论》,2021年第4期,第46—51页。

和低价格方向倾斜。最后是法规性制约。目前数字资产的法律属性仍然模糊，全球对数字资产没有形成相对统一的认识。数字资产税的征收方式也是一个迫切需要解决的问题。

　　数字经济下的算力支撑了数字经济中的价值转换与再分配。当我们每一个人都具备一定额度的可观算力时，我们会因自己能够在数字经济主导的社会生活中施展拳脚而愈发积极，而这种主人翁精神，正是在强调创新创意和自我意志表达的数字经济时代背景下，激发新财富创造所需要的企业家精神的基础。我们希望本文能给读者带来认识算力的有益视角，并对数字经济的研究有所贡献。随着以量子计算和人工智能为代表的新一轮颠覆性技术革新的不断推进，算力在数字经济中所扮演的基础设施性的角色将愈加明显。